réussite-bac 2015

ÉCONOMIE, DROIT, MANAGEMENT DES ORGANISATIONS

Terminale STMG

avec la collaboration de

Mustapha Daoudi
Céline Gentet
Raphaël Hamon
Jeanne Martin

rue des écoles

Dépot légal : août 2014.
ISBN : 978-2-8208-0332-0
Achevé d'imprimer en Belgique par Lesaffre, en août 2014.

Sommaire

Les sujets commentés et corrigés

Droit

Économie

Management des organisations

Éditorial de La Mutuelle Des Étudiants – LMDE

Pour que chacun puisse réussir, la LMDE a créé Réussite bac

En mars 2006, La Mutuelle Des Étudiants – LMDE a créé une solution inédite d'accompagnement des lycéens dans la préparation du baccalauréat, matérialisée par **un site Internet entièrement gratuit,** www.reussite-bac.com**. La gratuité est un principe auquel la LMDE est particulièrement attachée** afin de permettre à tous les lycéens d'accéder au site quelles que soient leurs origines sociales. L'égal accès de tous ne doit pas diminuer la qualité du contenu et des informations présentes sur le site.

Pour mener à bien ce projet, la LMDE a fédéré des partenaires éthiques et compétents dans leurs domaines respectifs : rue des écoles pour le contenu pédagogique et l'ONISEP pour l'orientation, la LMDE se chargeant des pages prévention santé. Chacune de ces rubriques participent d'une approche globale de santé permettant d'accompagner les lycéens dans leur préparation du baccalauréat.

Réussite bac vous accompagne de la seconde à la Terminale !

Aussi, pour compléter ce volume, vous retrouverez sur www.reussite-bac.com : des fiches de révisions et des exercices, des conseils sur l'orientation, un coaching santé et des informations pratiques ainsi qu'un module spécifique destiné aux parents.

Les périodes de révisions peut également être l'occasion d'excès : sauter des repas ou les rattraper, essayer des remèdes « miracle » contre le stress ou les insomnies, « booster » sa mémoire… C'est à l'inverse une bonne hygiène vie, un équilibre alimentaire, des temps de repos suffisants, de loisirs pour se détendre etc. qui sont nécessaires.

Pour favoriser la réussite de vos examens, vous trouverez à la fin de cet annale un livret prévention intitulé ***En forme pour le bac !***

Dès la seconde, La Mutuelle Des Étudiants - LMDE vous accompagne avec
www.reussite-bac.com !

Méthodologie pour l'épreuve d'économie-droit

1. La nature de l'épreuve

• L'épreuve d'économie-droit au bac STMG dure 3 heures. Son coefficient est de 5 et elle est notée sur 20 points.

• L'épreuve se compose de deux parties indépendantes :

– une partie juridique ;
– une partie économique.

Partie juridique

Cette partie de l'épreuve vise à évaluer si le candidat est capable d'analyser une ou plusieurs situations juridiques et de construire une argumentation pertinente au regard du problème posé, c'est-à-dire :

– qualifier juridiquement une situation ;
– formuler une problématique juridique ;
– identifier la ou les règles juridiques applicables en l'espèce ;
– indiquer la ou les solutions juridiques possibles ;
– utiliser un vocabulaire juridique adapté.

Partie économique

Cette partie de l'épreuve vise à évaluer si le candidat est capable d'analyser un problème économique d'actualité et de construire une argumentation pertinente au regard du problème posé.

• Chaque partie du sujet remis au candidat se présente sous la forme d'un dossier composé de plusieurs documents accompagnés d'un questionnement portant sur un ou plusieurs des thèmes abordés dans le programme du cycle terminal.

• Chacune de ces parties peut être traitée en 1 h 30. La libre appréciation de la gestion du temps est, toutefois, laissée au candidat.

2. Conseils pour la partie « droit »

La qualification juridique

• Qualifier une situation au plan juridique consiste à rattacher l'ensemble des faits (chaque personne, chaque action) à sa catégorie juridique dans le but de déterminer la règle applicable et d'en tirer les conséquences. Concrètement, vous devez traduire les éléments clefs de la situation du langage courant au langage juridique. Vous devez utiliser un vocabulaire juridique adapté.

• Ainsi, chacun des individus et chaque action ayant un caractère juridique doivent être rattachés à sa catégorie juridique. Ce travail de qualification permettra par la suite de déterminer la règle applicable et d'en tirer les conséquences.

• À travers les différents sujets de cet ouvrage, il vous sera demandé de qualifier la clause d'un contrat, un contrat et ses parties, ou diverses situations.

• Il est impossible de répertorier toutes les qualifications juridiques applicables. Elles sont très nombreuses et parfois spécifiques à une règle de droit. Bien souvent, il suffit de repérer les règles de droit figurant dans les annexes pour déterminer le vocabulaire à adopter.

Rédiger la qualification juridique

• Lors de la rédaction de votre réponse vous devrez suivre l'ordre chronologique des événements. Votre réponse doit être structurée et doit insister sur les éléments juridiques importants pour la suite.

• La première étape de la qualification juridique consiste à qualifier les acteurs en présence. Il faut repérer la nature exacte des relations entre les personnes en cause. La situation fait-elle référence à un salarié et son employeur, un consommateur et un professionnel, une victime et l'auteur du dommage ?

• Cette première étape permettra d'éviter des confusions dommageables pour la suite de votre raisonnement.

• La deuxième étape est la qualification des événements en termes juridiques. Vous devez exposer uniquement les faits ayant un intérêt juridique. La situation du contexte doit donc être résumée.

• Il conviendra d'insister sur le lien qui relie les acteurs : un dommage, un contrat de travail, un contrat de consommation...

• Vous devez privilégier des phrases courtes et simples. Prêter une attention particulière à l'orthographe et à la ponctuation. Nous vous conseillons de toute façon de relire votre copie question par question pour vérifier vos fautes de français.

La formulation du problème juridique

• La détermination des parties et des éléments du problème les concernant doit aboutir à la formulation du (ou des) problème(s) juridique(s).

• Le problème doit être présenté de façon générale, au-delà du cas spécifique. Cette question que se poseraient les juges s'ils étaient saisis consiste, en utilisant un vocabulaire juridique adapté, à formuler les difficultés juridiques que la règle de droit va solutionner. D'autres magistrats pouvant utiliser cette affaire pour régler une situation similaire dans le futur, il vous sera demandé de formuler votre problème juridique sous la forme d'une question générale. Ainsi, les noms des protagonistes ne doivent pas, par exemple, être mentionnés dans votre réponse.

La formulation du raisonnement juridique

• Un raisonnement juridique (ou argumentation juridique ou syllogisme) répond à des règles de formes particulières. Cette méthode de raisonnement permet d'appliquer à une situation de fait la solution prévue par une règle de droit. En vous plaçant dans le rôle du juge, vous allez indiquer la ou les solutions juridiques possibles.

• Comme toujours dans le cadre d'une argumentation juridique, vous devez rappeler les règles puis les confronter aux faits. Vous devrez ensuite conclure en répondant à la question posée.

• La démarche se déroule en trois étapes distinctes :

- la majeure : il s'agit de la règle de droit applicable.
- la mineure : il s'agit des faits constatés et qualifiés en droit. Il s'agira de rappeler les faits qui ont provoqué le problème juridique.
- la conclusion : la confrontation de la majeure et de la mineure permet de donner la solution. Vous allez appliquer la règle de droit aux faits pour obtenir la solution au problème juridique.

Pour la majeure, vous devez faire référence aux annexes qui comprennent régulièrement des articles de loi, des arrêts de Cour de cassation... Toutefois, vous pouvez également utiliser vos connaissances personnelles.

• Le non-respect de la méthodologie vous pénalisera lors de l'examen. Mettre la solution du cas en début de réponse serait par exemple très maladroit.

• Enfin, la qualification des faits et l'ensemble de votre travail nécessitent un vocabulaire adapté.

3. Conseils pour la partie « économie »

La question « analytique » en économie

• La question « analytique » de la partie « économie » (dernière question) nécessite de votre part une réponse argumentée et organisée afin de défendre une opinion économique sur le sujet proposé.

• Pour répondre à cette problématique, prenez un peu de recul sur l'ensemble du travail déjà réalisé. La réponse à cette question reprend en partie les éléments de réponse aux questions de nature méthodologique. En outre, votre argumentation sera basée sur vos connaissances, la documentation fournie avec le sujet, mais aussi sur l'utilisation des réponses aux questions précédentes.

• Votre réponse, dont il est exigé qu'elle soit « organisée », doit comporter une courte introduction. Elle comprend une phrase d'accroche et la présentation de la question posée. Il vous est également demandé de fournir une définition des mots-clés du sujet.

• Ensuite, lors de votre développement, vous essayerez de réaliser deux parties. Toutefois, ce point n'est pas obligatoire. Si vous êtes capables d'argumenter convenablement qu'un axe de réponse, vous ne serez pas sanctionné.

• Nous vous conseillons également de faire un paragraphe par argument. En conséquence, à chaque fois que vous aurez développé une idée, illustrée d'un exemple, retournez à la ligne.

• Pensez bien à développer toutes vos idées. Évitez absolument de les mettre toutes dans une même phrase, sans explication et sans exemple. L'ensemble de la réponse doit clairement mettre en évidence vos « arguments ».

• Un argument est une idée que vous avez développée et agrémentée d'un exemple. Lors de cette question, il est primordial d'argumenter. Concrètement, vous devez écrire une idée valable, la préciser et fournir un exemple à chaque fois que vous le pouvez. Il n'y a, par ailleurs, pas un nombre standard d'arguments attendus.

• Vous finirez en quelques lignes de conclusion en répondant à la problématique.

• Il est primordial, enfin, de veiller à ce que votre vocabulaire soit adapté. Rappelez-vous également que des phrases courtes et claires feront oublier les problèmes de ponctuation et vous permettront de limiter les fautes d'orthographe.

Méthodologie pour l'épreuve de management des organisations

1. Nature de l'épreuve

• L'épreuve écrite de management dure trois heures et représente un coefficient 5. Elle prend la forme d'une étude de cas.

• L'étude de cas se présente sous la forme d'une succession de documents qui mettent en scène une ou plusieurs organisations. Ces documents font l'objet de six à huit questions en moyenne, qui reprennent les thèmes étudiés en Première et Terminale STMG.

2. Prise de connaissance des questions

• Pour avoir une lecture efficace des questions, il convient de :

– surligner les mots de la question qui font référence aux notions de cours : organisation, finalité, métier, mode de production... ;
– mettre en évidence les termes qui nécessiteront une qualification ou une classification. Par exemple, la finalité d'une organisation peut être qualifiée d'économique ou de sociétale ; les ressources financières privées ou publiques ; le problème de management de problème technique, financier, social, etc. Les parties prenantes peuvent être classées en parties internes/ externes ou de premier rang/ second rang.

3. Lecture des documents

• Vous devez prendre connaissance de l'ensemble des documents avant de vous lancer dans la rédaction des réponses.

• Le temps de l'épreuve étant limité, vous devez optimiser votre lecture. L'idéal est de se munir de surligneurs pour mettre en évidence les points importants, les mots-clés. Il peut être aussi pratique de choisir une couleur par question car un même document peut contenir des éléments de réponses pour plusieurs questions.

4. Rédaction des réponses

• Cette étape est la conclusion du travail effectué aux deux étapes précédentes.

• Pour rédiger une réponse pertinente, vous devez :

– définir les mots que vous avez mis en évidence dans les questions (organisation, finalité, etc.) ;
– structurer vos éléments de réponse (notions de qualification et classification) ;

– compléter les éléments repérés dans les documents par des notions de cours quand cela est possible.

• Tout élément de réponse doit être justifié, argumenté, même si cela n'est pas demandé explicitement dans la question.

5. Conseils de dernière minute

• Pensez à aérer votre copie en sautant des lignes par exemple.

• Soignez votre écriture.

• Ne sortez pas tant que vous n'avez pas apporté de réponse à toutes les questions.

• Assurez-vous d'avoir répondu à tout ce qui est demandé dans la question. Parfois, certaines questions contiennent deux interrogations. Par exemple « Présentez les parties prenantes de cette organisation. Puis précisez les enjeux de chacune d'elles. »

• Mettez en valeur les connaissances acquises en cours en faisant référence aux définitions, au vocabulaire managérial, par exemple.

Sujet zéro du ministère, février 2012

À l'aide de vos connaissances et des ressources documentaires jointes en annexes 1 et 2, vous analyserez la situation ci-dessous en répondant aux questions posées.

Situation juridique

Mme Lobe vit dans un village alsacien à proximité de Colmar. Fine cuisinière, elle vend à ses amis des produits à base d'oie (rillettes, terrines, foies gras, conserves en bocaux, etc.).
Face au succès de ses produits, elle souhaite aménager une dépendance de la maison familiale pour y installer un laboratoire de cuisine et un espace de vente. Elle envisage à cette occasion de créer, tout en restant indépendante, une entreprise de fabrication et de commercialisation de ses produits. Elle espère réaliser un chiffre d'affaires proche de 50 000 euros en 2012.

L'entreprise créée début 2012 par Mme Lobe rencontre immédiatement le succès espéré. Ne pouvant plus faire face seule au développement de son activité, Mme Lobe a proposé à une amie, Mme Herzog, de l'assister. Un accord a été conclu pour concrétiser leur relation juridique et Mme Herzog a démarré son activité le 2 avril 2012 (annexe 1).

Dès le 10 avril, perturbée par le caractère assez autoritaire de son amie, Mme Lobe est saisie par le doute et se demande si elle va poursuivre ou non sa relation avec Mme Herzog.

Une discussion franche a rétabli l'entente entre les deux amies. Cependant, Mme Herzog s'interroge sur le bien-fondé de la clause n° 6 de l'annexe 1. Elle a également trouvé sur le site Internet de la Cour de cassation le document qui figure en annexe 2.

Questions

1 Quel statut juridique d'entreprise proposeriez-vous à Mme Lobe ? Justifiez en précisant les avantages de ce statut pour Mme Lobe.

> Cette question porte sur le thème 9 du programme : « Comment entreprendre ? ». Vous pouvez choisir parmi le statut d'auto-entrepreneur, d'entreprise individuelle, d'EIRL ou d'EURL, sans exclusion. Le correcteur attend que vous expliquiez votre choix à propos d'un seul de ces statuts, il est donc inutile de développer chacun d'entre eux.
>
> L'argumentation de votre réponse sera valorisée. Vous devez utiliser vos connaissances et faire le lien avec le contexte présenté.

2 **Qualifiez la relation juridique unissant Mesdames Lobe et Herzog, en justifiant votre réponse.**

Cette question porte sur le thème 7 du programme : « Comment le droit encadre-t-il le travail salarié ? ». L'objet ici est d'évaluer vos compétences méthodologiques. Qualifier une situation au plan juridique consiste à rattacher l'ensemble des faits (chaque personne, chaque action) à sa catégorie juridique, dans le but de déterminer la règle applicable. Concrètement, vous devez traduire les éléments clefs de la situation du langage courant au langage juridique. Votre réponse doit être structurée et doit insister sur les éléments caractérisant le contrat de travail, en insistant sur le lien de subordination qui permet de différencier le salarié d'un travailleur indépendant, par exemple.

3 **Mme Lobe vous demande si elle est en droit de mettre fin à sa collaboration avec Mme Herzog dès le 10 avril et quelles seraient, dans cette hypothèse, les conséquences juridiques d'une telle décision.**

Cette question est le prolongement de la précédente, le but étant d'évaluer votre capacité à tirer les conséquences de la règle applicable en l'espèce.

4 **Qualifiez la clause n° 6 de l'annexe 1. Indiquez quelles peuvent être ses conséquences pour Mme Herzog et quel intérêt elle présente pour Mme Lobe.**

Cette question porte sur le thème 8 du programme : « Comment le droit organise-t-il l'activité économique ? ». Le but de l'exercice est de contrôler vos compétences méthodologiques concernant la lecture d'une décision de justice. Vous devez donc être capable d'exploiter l'arrêt de la Cour de cassation du 18 septembre 2002 (annexe 2) afin d'en extraire les informations nécessaires sur la clause de non-concurrence, et d'interpréter l'article 6 du contrat de travail (annexe 1).

5 **Après avoir énoncé les conditions de validité d'une telle clause, indiquez si la clause de l'article 6 du contrat conclu entre mesdames Lobe et Herzog vous semble valable en présentant une argumentation juridique.**

Cette question doit être traitée sous la forme d'un syllogisme (raisonnement juridique).

Dans un premier temps, vous devez exposer la « majeure ». Cela consiste à indiquer la ou les règles de droit utiles pour le cas exposé. L'arrêt de la chambre sociale de la Cour de cassation, figurant en annexe, va vous permettre de dégager les conditions de validité de la clause de non-concurrence. Les éléments la rendant légale sont précisés au troisième paragraphe. Elle doit être :

- indispensable à la protection des intérêts légitimes de l'entreprise ;
- limitée dans le temps et dans l'espace ;
- tenir compte des spécificités de l'emploi ;
- comporter l'obligation pour l'employeur de verser une contrepartie financière.

Notons que ces éléments sont cumulatifs. Ils doivent donc être tous réunis.

Vous devrez argumenter en exploitant la décision de l'arrêt et après vous être interrogé sur les possibilités pour Mme Herzog de retrouver un emploi.

Annexes

Annexe 1

Extrait de l'accord conclu entre Mesdames Lobe et Herzog

Entre Mme Lobe, demeurant 8, rue de la Montagne à LABAROCHE
Et
Mme Herzog, demeurant 2, rue des Myrtilles à ORBEY

Il a été convenu ce qui suit :
Article 1 : Mme Herzog est engagée en qualité d'assistante à compter du 2 avril 2012 pour une durée indéterminée.
Article 2 : Mme Herzog exercera l'emploi d'assistante. À ce poste, elle sera notamment chargée de participer à la confection des produits de l'entreprise suivant les recettes fournies par Mme Lobe et de les vendre au marché de Colmar.
Article 3 : Mme Herzog exercera ses fonctions :

- dans les locaux de l'entreprise, 8, rue de la Montagne à LABAROCHE pour ce qui concerne ses activités de production ;
- au marché de Colmar pour ce qui concerne ses activités d'assistante commerciale.

Article 4 : Mme Herzog travaillera :

- du lundi matin au samedi matin de 8 heures à 12 heures ;
- le mardi, le jeudi et le vendredi après-midi de 14 heures à 17 heures ;
- le mercredi après-midi de 14 heures à 16 heures.

Article 5 : Mme Herzog percevra une rémunération brute mensuelle de 900 euros et une commission de 5 % sur le chiffre d'affaires hors taxes.
Article 6 : En cas de rupture du contrat, compte tenu de sa connaissance du savoir-faire et des recettes de l'entreprise, Mme Herzog s'engagera, pour une période de deux ans, à ne pas travailler pour son propre compte ou pour le compte d'une entreprise concurrente, dans la confection et/ou la vente de produits du terroir alsacien à base d'oie, sur l'ensemble du territoire français. En contrepartie, Mme Lobe lui versera, lors de la rupture du contrat de travail et pendant deux ans, une indemnité égale à 20 % mensuelle de sa rémunération.
Article 7 : Le présent contrat ne deviendra ferme qu'à l'issue d'une période d'essai de trois semaines. Au cours de la période d'essai, le présent contrat pourra être résilié à tout moment par l'une ou l'autre des parties, sans motif, ni indemnités en respectant le délai de préavis prévu aux articles L.1221-25 et 1221-26 du Code du travail.

Fait à Labaroche le 1er avril 2012

(Source : Cour des Comptes, *Rapport sur la situation et les perspectives des finances publiques*, juin 2010, pp. 87-88, 90, 93, http ://www.ccomptes.fr.)

Annexe 2

COUR DE CASSATION, chambre sociale, 18 septembre 2002

Attendu que la société Go sport a embauché Mme X... le 1er juillet 1989 ; que le contrat de travail comportait [...] une clause de non-concurrence ;
Attendu que la société reproche à l'arrêt de déclarer nulle et non avenue la clause de non-concurrence, alors, selon le moyen, qu'une clause de non-concurrence peut valablement interdire toute activité dans une entreprise concurrente, dès l'instant qu'elle est nécessaire à la protection des intérêts légitimes d'une entreprise et qu'elle n'empêche pas le salarié de retrouver un autre emploi, compte tenu de sa formation et de son expérience professionnelle ; [...]
Mais attendu qu'une clause de non-concurrence n'est licite que si elle est indispensable à la protection des intérêts légitimes de l'entreprise, limitée dans le temps et dans l'espace, tient compte des spécificités de l'emploi du salarié et comporte l'obligation pour l'employeur de verser au salarié une contrepartie financière, ces conditions étant cumulatives ;
Et attendu que la cour d'appel, qui a relevé que la clause de non-concurrence interdisait à la salariée d'entrer au service, en France et pendant un an, d'une entreprise ayant pour activité principale ou secondaire la vente au détail de vêtements et matériel de sport grand public, a exactement décidé que cette clause, qui ne permettait pas à la salariée de retrouver un emploi conforme à son expérience professionnelle, était illicite et devait être annulée ; que le moyen n'est pas fondé ;

PAR CES MOTIFS :
REJETTE le pourvoi.

(Source : *L'Expansion.com*, 08/08/2011.)

1 Mme Lobe a une petite activité. Il semble donc peu envisageable qu'elle ait de suite opté pour un statut sociétaire. Par conséquent, elle doit actuellement exercer en entreprise individuelle, ce qui représente un grand risque pour son patrimoine personnel. Plusieurs choix s'offrent à elle. Notamment, depuis 2011, il est possible pour les entrepreneurs individuels de créer une EIRL (entreprise individuelle à responsabilité limitée). Les avantages procurés sont tout à fait adaptés à la situation personnelle de Mme Lobe.

En effet, la création de l'EIRL est d'autant plus simple pour Mme Lobe qu'elle exerce déjà une activité en entreprise individuelle. Par conséquent, elle n'a pas besoin de s'immatriculer, il lui suffit de procéder à la déclaration d'affectation de l'EIRL. C'est-à-dire qu'elle va déterminer la part de son patrimoine à affecter à son activité professionnelle. Elle listera l'ensemble des biens relevant de son patrimoine affectés à son activité professionnelle (ex. : les ustensiles de cuisine, le véhicule...). Ainsi, ce patrimoine affecté représentera le gage des créanciers professionnels de Mme Lobe. Notons qu'en procédant de la sorte, Mme Lobe reste propriétaire de « ses deux patrimoines » et que la déclaration d'affectation n'entraîne pas la création d'une personne morale.

Par la suite, si l'activité de Mme Lobe est très florissante, elle peut de suite choisir une forme sociétaire de type EURL, avec associé unique, ou SARL avec plusieurs associés.

Complément de réponse possible :

Si Mme Lobe souhaite rester seule et indépendante pour exercer son activité, elle peut également choisir l'un des statuts suivants.

Le statut d'auto-entrepreneur

Le statut d'auto-entrepreneur est une forme simplifiée de l'entreprise individuelle classique. C'est d'ailleurs la forme la plus simple pour entreprendre puisqu'une déclaration sur Internet suffit. Il s'agit d'une entreprise individuelle (ne dépassant pas un certain chiffre d'affaires annuel : 81 500 euros pour la vente de marchandises, 32 600 euros pour une activité de service), dont le régime fiscal et le régime social sont ultra-simplifiés : la tenue des comptes est simplifiée ; les ventes ne sont pas soumises au régime de la TVA (sous plafond). L'activité de Mme Lobe ne doit donc pas dépasser un certain seuil de chiffre d'affaires, ce qui est le cas ici. En outre, toute personne physique, même si elle est salariée, retraitée ou demandeur d'emploi, peut créer une auto-entreprise.

L'EURL

La responsabilité de Mme Lobe, associé unique, sera limitée à ses apports. L'EURL peut facilement être transformée en SARL, ce qui peut se révéler utile en cas de développement de l'activité de Mme Lobe. En effet, si Mme Lobe souhaite, dans le futur, exercer son activité avec d'autres personnes, elle peut choisir de créer une SARL avec un ou plusieurs associés. Aucun capital minimal n'est exigé par la loi, la responsabilité des associés est limitée aux apports ; cette solution peut lui permettre de réunir davantage de moyens pour exploiter son activité (nouveau matériel de cuisson, de vente...).

2 La relation juridique unissant les deux femmes relève d'un contrat de travail (un contrat de travail à durée indéterminée). Toutes deux s'obligent mutuellement à des prestations qui sont établies conventionnellement.
Mme Herzog, la salariée, va offrir sa force de travail en qualité d'assistante (article 2 du contrat). En contrepartie, Mme Lobe, l'employeur, lui versera une rémunération de 900 € à laquelle s'ajoute une commission (article 5 du contrat). Enfin, notons la présence du dernier élément qui caractérise le contrat de travail, puisqu'il existe un lien de subordination juridique entre les deux. En effet, Mme Herzog doit respecter les recettes fournies (article 2) selon les horaires fixés (article 3) et aux endroits prévus (article 4).
Les deux parties ayant des obligations mutuelles, nous pouvons constater le caractère synallagmatique du contrat.

3 Mme Lobe peut mettre fin à cette collaboration dès le 10 avril. En effet, la période d'essai courant jusqu'au 23 avril, avant cette date, l'une ou l'autre des parties peut rompre le contrat sans avoir à en donner les motifs. Passé cette date, le contrat devient ferme (article 7), car la période d'essai de trois semaines sera terminée. Toutefois, si Mme Lobe souhaite interrompre cette collaboration, elle doit respecter la période de préavis de départ fixée par le Code du travail aux articles L.1221-25 et 1221-26.
Par conséquent, une telle prise de décision met fin à la relation de travail ; les prestations mutuelles devant être fournies n'auront plus lieu d'exister une fois la période de préavis de départ terminée. Aucune indemnité de fin de contrat ne sera due.

4 L'article 6 de la convention est une clause de non-concurrence. Celle-ci est destinée à protéger les intérêts de l'entreprise de Mme Lobe. Elle lui permet, entre autres, de se prémunir d'un risque de détournement de clientèle. Toutefois, elle doit être limitée dans l'espace et le temps afin de ne pas revêtir un caractère abusif. Elle a pour effet de limiter la liberté de Mme Herzog si elle souhaite changer d'employeur ou créer une activité similaire à celle de son actuel employeur.

5 Une clause de non-concurrence doit revêtir différentes caractéristiques. Elle doit être limitée dans le temps et l'espace, tenir compte des caractéristiques de l'emploi visé dans la convention. Elle doit obligatoirement intervenir afin de défendre les intérêts de l'entreprise, ce qui donne obligatoirement naissance à une contrepartie financière pour l'employeur.
À la lecture de ce CDI et de l'arrêt proposé, il est possible de tirer différentes conclusions. Tout d'abord, l'insertion d'une clause de non-concurrence est tout à fait justifiée dans ce cas, car elle a bien pour effet de défendre les intérêts légitimes de l'entreprise de Mme Lobe. Elle vise à lutter contre le détournement de clientèle. La

contrepartie financière est ici bien prévue. Elle représente 20 % de la moyenne de la rémunération, ce qui est raisonnable et adéquat. La clause de non-concurrence est bien limitée dans le temps. Mais la durée indiquée (deux ans) paraît inappropriée, car trop longue. Mme Herzog aura davantage de difficulté à retrouver un emploi. De la même manière, la limitation géographique indiquée est excessive. L'ensemble du territoire français ne peut être considéré comme acceptable dans ce cas. Une telle disposition interdit à l'ancienne employée d'établir la même activité sur l'ensemble du territoire français, ce qui est fantasque eu égard à l'activité modeste de Mme Lobe. Enfin, les compétences spécifiques de l'emploi ne sont pas suffisamment détaillées, ce qui rend la clause discutable sur ce point et pourrait l'invalider.

Sujet national, juin 2014

À l'aide de vos connaissances et des ressources documentaires jointes en annexe, analysez la situation juridique ci-dessous et répondez aux questions posées.

Situation juridique

Marie Dupond est titulaire du BTS « assistant de manager ». Tout juste diplômée, elle a été embauchée en tant qu'assistante ressources humaines dans une PME, Flexitube SA, sous-traitante de l'industrie automobile. Elle a signé son contrat le 10 août 2012.

Un collègue de Marie Dupond, également assistant ressources humaines, embauché un mois après elle, perçoit une rémunération supérieure à la sienne de 30 %. Le contrat de travail de ce collègue, embauché au même échelon, à un niveau d'agent de maîtrise, mentionne des tâches et des responsabilités comparables à celles qui sont confiées à Marie. Cette dernière s'étonne d'être moins rémunérée pour un travail équivalent.

En qualité d'assistante ressources humaines, Marie a accès aux fiches de poste et rien dans celle de son collègue ne semble justifier une telle différence. Outrée de cette inégalité de traitement, elle décide de se défendre.

Questions

1 Qualifiez la relation juridique qui lie Marie Dupond à Flexitube SA.

Cette première question méthodologique porte sur la qualification en droit et sur les thèmes 1 et 7 : « Qu'est-ce que le droit ? » et « Comment le droit encadre-t-il le travail salarié ? ». Dans ce sujet, la qualification des faits n'est pas sollicitée. Seule la relation entre Mme Dupond et Flexitube SA doit faire l'objet de cet exercice juridique.

Les termes soulignés dans le corrigé sont attendus par le correcteur. Le vocabulaire doit être adapté à la matière.

Bien que non demandés, les caractéristiques du contrat de travail pourraient être valorisées par le correcteur. Le contrat de travail est une convention par laquelle une personne (le salarié, Marie Dupond) s'engage à fournir une prestation de travail (en l'occurrence, « assistante ressources humaines ») pour le compte et sous la subordination juridique d'une autre personne (l'employeur, Flexitube SA) en échange d'une rémunération (le salaire, 1 816 € bruts mensuels).

2 Identifiez le(s) problème(s) juridique(s) qui se pose(nt).

Cette question porte sur la notion « d'autorité de l'employeur » et fait référence au thème 7 du programme : « Comment le droit encadre-t-il le travail salarié ? ».

Ce thème reviendra également plus tard, dans les questions 3 et 4.

Marie Dupond est moins rémunérée par son employeur que son collègue masculin. Pourtant, tous deux ont le même échelon, le même niveau, les mêmes tâches et responsabilités.

Vous avez appris cette année que l'employeur assurait la gestion de son entreprise en fixant les conditions de travail des salariés et en leur donnant des ordres dans le cadre du lien de subordination. Toutefois, les conditions de travail sont encadrées par des règles d'ordre public et par des règles conventionnelles issues de la négociation collective entre les partenaires sociaux. Ainsi, certaines pratiques, comme les discriminations dans l'entreprise, sont sanctionnées.

Vous devez formuler une question d'ordre général qui vous permettra de savoir si, dans ce cas ou dans un cas similaire, il y a ou non discrimination.

3 Présentez et expliquez les conditions dans lesquelles l'employeur de Marie serait fondé juridiquement à pratiquer des différences de salaires entre Marie et son collègue.

Vous devez impérativement répondre en deux temps. Vous débuterez par une présentation des fondements juridiques sur lesquels l'employeur peut s'appuyer pour justifier l'inégalité de traitement entre ses salariés. Puis vous tenterez, à partir des documents et de vos connaissances, d'expliquer les raisons objectives qui justifieraient une telle différence de salaire entre ces deux collègues.

Attention toutefois, le sujet souligne que les tâches, l'échelon, les qualifications et les responsabilités sont égales. Vous ne pouvez donc pas invoquer ces éléments pour répondre à cette question.

4 Identifiez les arguments juridiques qui permettront à Marie de faire valoir ses droits auprès de son employeur.

La question vise à vous faire identifier les règles juridiques applicables en fait et en droit. Votre réponse doit faire référence aux faits présentés ici et aux règles de droits présentes dans les annexes. Placez-vous dans le rôle du défenseur de Marie Dupond et faites valoir chaque argument possible pour défendre sa position.

La correction est volontairement traitée sous forme de raisonnement juridique. Le premier paragraphe correspond à l'exposé des faits, le second indique les règles applicables au cas, puis le dernier expose la solution issue de l'application des faits à la règle.

5 Déterminez à quelle partie incomberait la charge de la preuve.

Vous utiliserez vos connaissances sur le thème 2 : « Comment le droit permet-il de régler un litige ? ». Ce thème, vu en Première, vous a permis d'assimiler que, sur le plan juridique, toute personne peut émettre une revendication en se prévalant d'un droit, à condition d'apporter la preuve de ses dires. Donc, en principe, le demandeur apporte la preuve.

Dans ce cas, l'intérêt est de vous faire comprendre qu'il existe des exceptions à ce principe. En ce qui concerne la rédaction de votre réponse, vous devez évidemment rappeler les règles au préalable. La solution du cas terminera votre réponse.

Annexes

Annexe 1

Extrait du contrat de travail de Marie Dupond

Entre d'une part l'entreprise Flexitube SA, dont le siège social est situé 3, rue des moulins – 31000 TOULOUSE

Et d'autre part Marie Dupond, domiciliée 22 rue Maréchal Brune – 31000 TOULOUSE

Il a été convenu ce qui suit :

Article 1 – Engagement : Marie Dupond exercera ses fonctions sous l'autorité et selon les directives de Paul Dubois – directeur des ressources humaines – auquel elle rendra compte de son activité. Elle est engagée en qualité d'assistante ressources humaines à compter du 10 août 2012. Elle effectuera les tâches suivantes :

– Accueil des candidats lors des entretiens de recrutement, réception/tri des curriculum vitae, aide au traitement administratif et à la sélection des candidats

– Contribution à la conception et à l'évolution du plan de formation, et à la gestion prévisionnelle des emplois et des compétences

– Réception du courrier, d'appels téléphoniques, filtrage et diffusion

– Tenue de planning/prise de rendez-vous/organisation des déplacements du manager

– Prise en charge du système de gestion électronique de documents (GED) et de la sécurité informatique du service (distribution des droits d'accès et gestion de la confidentialité).

Le présent contrat est conclu pour une durée indéterminée [...]. Marie Dupond occupera cet emploi à temps plein. [...]

Article 5 – Classement : Le poste d'assistante ressources humaines est un poste d'agent de maîtrise, échelon 20 (cf. convention collective).

Article 6 – Rémunération : en rémunération de son activité, Marie Dupond percevra une rémunération brute mensuelle de 1816 € correspondant à 35 heures hebdomadaires (échelon 20). [...]

Article 9 – Dispositions diverses : La convention collective applicable à l'entreprise est la convention collective nationale des services de l'automobile. [...]

Annexe 2

Extraits de la convention collective nationale des services de l'automobile

Article 1.16 – [...] Le salaire de base doit être au moins égal au salaire minimum conventionnel garanti correspondant au classement du salarié. [...] Les salaires minima mensuels garantis correspondant à la durée légale de travail sont indiqués dans un barème. [...] Ce barème concerne tous les salariés à temps plein. [...]

Échelons	Minimum garanti pour 35 heures pour le personnel de maîtrise [1]
21	1 875 €
20	1 816 €
19	1 767 €

Annexe 3

Extraits du Code du travail

Article L. 1132-1 : Aucun salarié ne peut [...] faire l'objet d'une mesure discriminatoire directe ou indirecte notamment en matière de rémunération [...], en raison [...] de son sexe [...].

En cas de litige relatif à l'application des alinéas précédents, le salarié concerné [...] présente des éléments de fait laissant supposer l'existence d'une discrimination directe ou indirecte. Au vu de ces éléments, il incombe à la partie défenderesse de prouver que sa décision est justifiée par des éléments objectifs étrangers à toute discrimination.

Article L. 1133-1 : Ne fait pas obstacle aux différences de traitement lorsqu'elles répondent à une exigence professionnelle essentielle et déterminante et pour autant que l'objectif soit légitime et l'exigence proportionnée.

1. dont les assistant(e)s de direction.

Annexe 4

Discrimination ou inégalités ? Une frontière floue

En théorie, la distinction juridique entre inégalité et discrimination est claire. Fondée sur l'une des dix-neuf distinctions illégales listées à l'article L. 1132-1 du Code du travail (exemples : sexe, grossesse), une pratique discriminatoire porte atteinte aux fondements de notre République. Elle fait l'objet d'une lourde répression pénale (trois ans de prison, 45 000 euros d'amende). [...]

Le régime probatoire (la charge de l'apport de la preuve) est très favorable à la supposée victime puisque c'est à la partie défenderesse qu'il appartient « de prouver que la mesure en cause est justifiée par des éléments objectifs étrangers à toute discrimination ». [...]

Partant de textes du Code du travail évoquant « l'égalité de traitement » entre hommes et femmes, mais en réalité l'interdiction de toute discrimination – confusion aggravée dans les textes communautaires, qui considèrent même depuis 2006 un harcèlement comme une discrimination, la Cour de cassation a, dans une affaire de différenciation salariale entre deux secrétaires administratives, créé une règle générale d'égalité de rémunération le 29 octobre 1996 : « La règle de l'égalité de rémunération entre les hommes et les femmes étant une application de la règle plus générale : à travail égal, salaire égal, l'employeur est tenu d'assurer l'égalité de rémunération entre tous les salariés de l'un ou l'autre sexe, pour autant que les salariés en cause sont placés dans une situation identique. »

À l'employeur alors de « justifier par des raisons objectives et matériellement vérifiables la différence de rémunération entre des salariés effectuant un même travail ou un travail de valeur égale » (Chambre sociale, 17 février 2010).

S'agissant d'égalité entre un homme et une femme, la frontière est parfois floue. Ainsi d'une directrice des ressources humaines appartenant au même comité de direction que des collègues tous masculins, mais gagnant 20 % de moins qu'eux : discrimination en tant que femme (Chambre sociale, 20 octobre 2011), ou différence de traitement pouvant être justifiée « par une ancienneté, des connaissances professionnelles, une expérience ou des responsabilités différentes » ?

Ce flou provoque une avalanche de contentieux dans un pays où « les citoyens sont animés par deux passions : le désir du privilège et le goût de l'égalité », comme l'affirmait Charles de Gaulle.

(Source : *Le Monde*, 14 octobre 2013.)

1 Marie Dupond, salariée, est liée à la personne morale Flexitube SA, son employeur, par un contrat de travail. Ce contrat est à durée indéterminée et à temps plein.

2 Une femme salariée qui, pour un travail identique, perçoit une rémunération inférieure à celle de son collègue masculin est-elle victime de discrimination de la part de son employeur ?
Autre proposition acceptable :
Un employeur est-il en droit de pratiquer des différences de rémunération entre deux salariés effectuant le même travail ?

3 L'inégalité de traitement salarial est contraire au principe : « à travail égal, salaire égal ». Cependant, l'employeur est parfois fondé à établir des différences de traitement. Toute différence de traitement n'est pas interdite, seulement l'employeur doit la justifier par des raisons objectives et matériellement vérifiables.
Tout d'abord, présentons les fondements juridiques qui légitimeraient les différences de rémunération entre salariés sur un poste similaire :

- l'article L. 1132-1 du Code du travail (annexe 3) dispose que des différences de traitement sont possibles lorsqu'« elles répondent à une exigence professionnelle essentielle et déterminante et pour autant que l'objectif est légitime et l'exigence proportionnée » ;
- l'arrêt de la chambre sociale de la Cour de cassation du 17 février 2010 (jurisprudence évoquée dans l'annexe 4), indique que c'est à l'employeur de « justifier par des raisons objectives et matériellement vérifiables la différence de rémunération entre des salariés effectuant un même travail ou un travail de valeur égale ».

Ensuite, nous pouvons expliquer les différences de salaire pratiquées par l'entreprise de Mme Dupond par les raisons suivantes :

- elles vont dans le sens des intérêts de l'entreprise, du fait de la qualité du travail fourni par l'employé masculin ;
- elles correspondent à une exigence plus grande vis-à-vis du collègue de Mme Dupond concernant les tâches qui lui sont confiées ;
- elles tiennent compte de l'expérience acquise par le salarié auprès d'anciens employeurs.

4 Dans les faits, le collègue de Marie Dupond perçoit une rémunération supérieure à la sienne de 30 %. Il a le même titre d'« assistant ressources humaines » et la même ancienneté, puisqu'il a été embauché un mois après elle. En outre, la situation du sujet nous explique également que le contrat de travail du collègue masculin mentionne des tâches et des responsabilités comparables à celles qui sont confiées à Marie. Enfin, notons qu'il est embauché au même échelon et au même niveau d'agent de maîtrise. Dans ce cadre, pour un investissement et un travail identiques, le seul critère différenciant ces deux salariés semble être le sexe.

Le principal argument juridique pour soutenir la position de Marie Dupond figure dans l'article L. 1132-1 du Code du travail. Ce texte dispose qu'« aucun salarié ne peut être sanctionné, licencié ou faire l'objet d'une mesure discriminatoire, directe ou indirecte, notamment en matière de rémunération [...], en raison de son [...] sexe. »
En nous fondant sur ces arguments de fait et de droit, nous pouvons conclure que Flexitube SA n'a pas respecté le principe de non-discrimination et a créé une inégalité de traitement entre Marie Dupond et son collègue.

5 L'article L. 1132-1 du Code du travail expose qu'en cas de litige portant sur une discrimination éventuelle entre salariés et si des faits le laissent supposer, « il incombe à la partie défenderesse (l'employeur) de prouver que sa décision est justifiée par des éléments objectifs étrangers à toute discrimination ».
Nous pouvons également citer l'arrêt de la Cour de cassation, chambre sociale, du 17 février 2010, qui indique que c'est à l'employeur de « justifier par des raisons objectives et matériellement vérifiables la différence de rémunération entre des salariés effectuant un même travail ou un travail de valeur égale » (Cf. annexe 4 : source *Le Monde* du 14 octobre 2013).
Donc, la charge de la preuve de l'absence de discrimination incombe à l'employeur. Flexitube SA devra apporter la preuve que la différence de salaire est justifiée et qu'il n'a commis aucune discrimination.

Inde, avril 2014

À l'aide de vos connaissances et des ressources documentaires jointes en annexe, analysez la situation juridique ci-dessous et répondez aux questions posées.

Situation juridique

Éric Bostony va prochainement avoir 25 ans. C'est un grand amateur de rugby qui a beaucoup pratiqué ce sport quand il était plus jeune et qui va encore régulièrement assister à des matchs. Après un BTS commercial, il a obtenu une licence professionnelle dans la spécialité « commercialisation des produits et services sportifs ». Il a trouvé rapidement du travail dans des grandes surfaces spécialisées en équipements sportifs, mais pour une durée limitée. Aujourd'hui, Éric Bostony est ravi, il a été embauché comme conseiller clientèle, il y a presque six mois, par une enseigne prestigieuse qui commercialise des vêtements de sport haut de gamme dans le centre de Paris.
Pour son anniversaire, Éric voudrait s'offrir un tatouage maori (relatif au peuple polynésien de Nouvelle-Zélande). Lors d'une discussion pendant la pause repas, Éric fait part de son projet à son employeur, M. Dupretz. À sa grande surprise, ce dernier réagit négativement. Il estime que le fait d'être tatoué n'est pas compatible avec le commerce haut de gamme, que la clientèle très chic peut ne pas apprécier d'avoir affaire à un vendeur tatoué. M. Dupretz précise également à Éric qu'il doit respecter ces consignes et que, même si le règlement intérieur n'évoque pas les tatouages des salariés, le non-respect de ces directives pourrait constituer un motif de licenciement.

Questions

1 Qualifiez juridiquement les faits.

Cette première question porte sur le thème 7 du programme : « Comment le droit encadre-t-il le travail salarié ? ». Vous devez qualifier juridiquement la situation et utiliser un vocabulaire juridique adapté. Qualifier une situation au plan juridique consiste à traduire en langage juridique une situation courante. Ainsi, chacun des individus et chaque action ayant un caractère juridique doivent être rattachées à sa catégorie juridique. Ce travail de qualification permettra par la suite de déterminer la règle applicable et d'en tirer les conséquences. Vous devez exposer uniquement les faits ayant un intérêt juridique.
Dans ce sujet, la qualification juridique des faits ne pose pas de difficultés particulières. Notons tout de même que l'employeur, dans ce cas, est l'entreprise Suncorp (Cf. annexe 1 : Art. 1 du contrat de travail), qui figure sur le contrat. Le dirigeant représente l'entreprise et a un lien de subordination avec le salarié.
Les termes soulignés dans le corrigé sont attendus par le correcteur.

2 Formulez le problème juridique qui se pose à Éric.

Le problème juridique auquel est confronté Éric Bostony fait référence, comme la question qui suivra, aux thèmes 4 et 7 du programme : « Quels sont les droits reconnus aux personnes ? » et « Comment le droit encadre-t-il le travail salarié ? ».

Cette question consiste, en utilisant un vocabulaire juridique adapté, à formuler les difficultés juridiques que la règle de droit va solutionner. C'est la question que se poseraient les magistrats face à cette situation.

L'énonciation d'un problème juridique se fait sous la forme d'une question générale. Ainsi, les noms des protagonistes ne doivent pas, par exemple, être mentionnés ici.

Dans ce sujet, la formulation peut être variée et plusieurs réponses peuvent être acceptées. Le corrigé propose plusieurs réponses possibles.

3 Identifiez les éléments de fait et de droit qu'Éric peut opposer au chef d'entreprise.

La question vise à vous faire identifier la ou les règles juridiques applicables en l'espèce. Vous devrez évidemment utiliser un vocabulaire juridique adapté.

Votre réponse doit faire clairement référence à des fondements légaux. Toutefois, d'autres types d'arguments pourraient être recevables pour le correcteur. En outre, vos arguments doivent préférablement répondre au problème juridique de la question 2, en vous plaçant dans le rôle de défenseur d'Éric Bostony.

Notons que l'énoncé ne précise pas l'emplacement ni la taille du tatouage. Cette imprécision du sujet vous permettra d'établir des hypothèses parfois contradictoires. Ainsi, vous serez moins limité dans vos propositions d'arguments.

4 Expliquez si le licenciement envisagé par M. Dupretz est justifié au plan juridique.

Cette dernière question nous permet de statuer sur la validité du licenciement d'Éric Bostony. Elle prend appui sur les thèmes 2 et 7 du programme : « Comment le droit permet-il de régler un litige ? » et « Comment le droit encadre-t-il le travail salarié ? ».

En vous plaçant dans le rôle du juge, vous allez indiquer la ou les solutions juridiques possibles. L'article L. 1235-1 du Code du travail précise que c'est le juge qui apprécie le caractère réel et sérieux des motifs invoqués par l'employeur en fonction des éléments fournis par les parties.

Par conséquent, vous devrez indiquer les arguments favorables et défavorables au licenciement, c'est-à-dire sur quelle base le licenciement pourrait être jugé licite ou, au contraire, estimé abusif.

Vous devrez vous prononcer en vous basant sur les extraits de législation et de jurisprudence à votre disposition (annexes 2 et 3). Il n'existe pas de solution unique puisqu'il existe des incertitudes concernant la taille et l'emplacement du tatouage. En outre, ce problème juridique ne fait l'objet d'aucune jurisprudence à ce jour et la législation reste floue en la matière et sujette à interprétation. La réponse de ce corrigé est d'ailleurs subjective.

Votre copie sera valorisée si votre réponse est correctement construite et si elle repose sur des arguments « solides ». Il semble évident que vous ne devez pas vous contenter de re-

prendre votre réponse à la question précédente. Vous devez seulement vous appuyer dessus, en partie.
Enfin, comme toujours dans le cadre d'une argumentation juridique, vous devez rappeler les règles puis les confronter aux faits. Vous devrez ensuite conclure en répondant à la question posée.

Annexes

Annexe 1

Extraits du contrat de travail

Entre les soussignés : La société Suncorp, SA dont le siège social est situé à Paris, représentee par M. Pascal Dupretz, agissant en qualité de directeur général, **d'une part** et M. Bostony Éric, demeurant à Colombes, né le 20 août 1989, de nationalité française, **d'autre part**.

Il a été convenu ce qui suit :

Article I : Emploi occupé
M. Bostony Éric est engagé à partir du 5 janvier 2014 pour une durée indéterminée par la société Suncorp en qualité de conseiller clientèle.

Article II : Définition des missions
Les attributions de M. Bostony sont notamment les suivantes : accueil et conseil de la clientèle, encaissement des achats et contrôle de la caisse, présentation et rangement des articles en rayon, en vitrine et dans la réserve, étiquetage, signalement des éventuelles anomalies de stock...
M. Bostony devra loyalement et diligemment exécuter ses fonctions et également, dans l'exercice de ses attributions, se conformer aux ordres, instructions et consignes particulières de travail qui lui seront données par la société.
M. Bostony déclare avoir pris connaissance du règlement intérieur et de la convention collective nationale du commerce de détail de l'habillement et des articles textiles du 25 novembre 1987, révisée par avenant du 17 juin 2004, applicable à l'entreprise.

Article VI : Durée du travail
La durée du travail de M. Éric Bostony est égale à 35 heures hebdomadaires.
La Direction pourra demander au salarié d'effectuer si nécessaire des heures supplémentaires.
Les horaires de travail de M. Éric Bostony seront fixés par planning chaque mois.

Article XIV : Rupture
En cas de rupture du présent contrat, le préavis réciproque sera de deux mois. Cette rupture devra être notifiée à l'autre partie par une lettre recommandée avec accusé de réception.

Fait en double exemplaire, à Paris, le 05 janvier 2014

Annexe 2

Articles du Code du travail

Article L. 1121-1
Nul ne peut apporter aux droits des personnes et aux libertés individuelles et collectives de restrictions qui ne seraient pas justifiées par la nature de la tâche à accomplir ni proportionnées au but recherché.
Article L. 1132-1 (extraits)
Aucune personne ne peut être écartée d'une procédure de recrutement ou de l'accès à un stage ou à une période de formation en entreprise, aucun salarié ne peut être sanctionné, licencié ou faire l'objet d'une mesure discriminatoire, directe ou indirecte, [...] notamment en matière de rémunération, [...], de mesures d'intéressement ou de distribution d'actions, de formation, de reclassement, d'affectation, de qualification, de classification, de promotion professionnelle, de mutation ou de renouvellement de contrat en raison de son origine, de son sexe, de ses mœurs, de son orientation ou identité sexuelle, de son âge, de sa situation de famille ou de sa grossesse, de ses caractéristiques génétiques, de son appartenance ou de sa non-appartenance, vraie ou supposée, à une ethnie, une nation ou une race, de ses opinions politiques, de ses activités syndicales ou mutualistes, de ses convictions religieuses, de son apparence physique, de son nom de famille ou en raison de son état de santé ou de son handicap.
Article L. 1235-1 (extraits)
[...] Le juge, à qui il appartient d'apprécier la régularité de la procédure suivie et le caractère réel et sérieux des motifs invoqués par l'employeur, forme sa conviction au vu des éléments fournis par les parties après avoir ordonné, au besoin, toutes les mesures d'instruction qu'il estime utiles.
Il justifie dans le jugement qu'il prononce le montant des indemnités qu'il octroie. Si un doute subsiste, il profite au salarié.

Annexe 3

Arrêt de la Cour de cassation du 12 novembre 2008 (extraits)

Attendu, selon l'arrêt attaqué (Rouen, 26 septembre 2006), que M. X..., qui avait été engagé le 1er octobre 2000 en qualité d'agent technique des méthodes par la société Sagem, [...] est venu travailler le 21 mai 2001 en bermuda et a continué les jours suivants à porter la même tenue vestimentaire malgré les observations orales puis écrites de ses supérieurs hiérarchiques lui demandant de porter un pantalon sous la blouse prescrite par les consignes de sécurité, jusqu'à son licenciement prononcé pour avoir « manifesté à l'égard de (sa) hiérarchie (son) opposition forte et persistante à l'application d'une consigne simple (port d'un pantalon par les hommes sur les lieux de travail) » et « marqué publiquement à cette occasion (son) refus d'adhésion aux valeurs fondamentales de la société » ; qu'il a saisi la formation de référé du conseil de prud'hommes d'une demande d'annulation de son licenciement [...] ;
Mais attendu qu'en vertu de l'article L. 1121-1 du Code du travail, un employeur peut imposer à un salarié des contraintes vestimentaires si elles sont justifiées par la nature des tâches à accomplir et proportionnées au but recherché ;
Et attendu que les énonciations tant du jugement du conseil de prud'hommes que de l'arrêt confirmatif font apparaître que la tenue vestimentaire du salarié était incompatible avec ses fonctions et ses conditions de travail qui pouvaient le mettre en contact avec la clientèle et que l'intéressé, en faisant évoluer un incident mineur en contestation de principe et en lui donnant une publicité de nature à décrédibiliser la hiérarchie et porter atteinte à l'image de la société, a dépassé le droit d'expression reconnu aux salariés dans l'entreprise [...].
Par ces motifs : rejette le pourvoi ; Condamne M. X... aux dépens

1 Éric Bostony est salarié en contrat de travail à durée indéterminée (CDI) depuis le 5 janvier 2014. Son employeur est l'entreprise Suncorp, une enseigne sportive de luxe. M. Bostony envisage de se faire faire un tatouage mais le directeur général, M. Dupretz, s'y oppose. En effet, ce dernier estime que le caractère haut de gamme de la clientèle est incompatible avec le fait qu'un vendeur soit tatoué. Il menace Éric de rompre son contrat de travail par un licenciement.

2 Un salarié peut-il être licencié à cause d'un tatouage ?

Autres propositions acceptables :

- Un tatouage visible peut-il être un motif réel et sérieux de licenciement ?
- L'interdiction du tatouage est-elle justifiée par la nature de la tâche et proportionnée au but recherché ?
- L'employeur abuse-t-il de son pouvoir de direction ?
- Licencier un salarié tatoué constitue-t-il une discrimination ?
- Un employeur peut-il restreindre le droit du salarié à choisir son apparence physique ?

3 Éric Bostony pourra faire valoir de nombreux arguments pour défendre sa position face à son employeur, Suncorp.
Comme l'indique l'article L. 1121-1 du Code du travail, un employeur ne peut restreindre les libertés individuelles de ses salariés qu'à condition que cette restriction soit justifiée et proportionnée. Ainsi, un tatouage ne semble pas pouvoir être un motif de licenciement légal.
Le Code du travail, dans son article L. 1132-1, interdit toute discrimination en raison de l'apparence physique du salarié. Un tatouage faisant partie de l'apparence physique, il ne peut être une cause de licenciement retenue à l'encontre de M. Bostony.
Le règlement intérieur de l'entreprise Suncorp ne fait pas référence aux tatouages. Le fait d'en porter un n'empêche pas Éric Bostony de faire son travail dans ce commerce de vêtements de sport haut de gamme. En outre, M. Bostony peut, éventuellement, cacher son tatouage lorsqu'il est sur son lieu de travail.

4 Afin d'apprécier le caractère légal du licenciement de M. Bostony par l'entreprise Suncorp, il faut évaluer la pertinence des arguments des parties en présence. Nous allons étudier, dans un premier temps, les arguments en faveur du salarié et estimant que le licenciement pourrait être abusif. Puis, dans un second temps, ceux justifiant la position de l'employeur, considérant que le motif du renvoi est réel et sérieux.

I. Le licenciement pourrait être considéré comme injustifié et abusif par les juges

La liberté d'expression d'un salarié ne peut être restreinte par l'employeur. Il doit pouvoir s'exprimer librement dans l'entreprise et en dehors de l'entreprise, à condition qu'il respecte ses obligations de discrétion et de loyauté. Éric Bostony n'a pas abusé de sa liberté d'expression en se faisant tatouer. Les limites habituelles à cette

liberté étant les propos excessifs, injurieux, diffamatoires, ainsi que le dénigrement de l'entreprise par le salarié. Un salarié ne peut être licencié en raison de son apparence physique car, dans ce cas, il y a discrimination (article L. 1132-1). Le tatouage d'Éric Bostony ne peut donc être un motif réel et sérieux de licenciement.
Selon l'article L. 1121-1, l'employeur ne peut apporter de restrictions aux libertés de son salarié si celles-ci ne sont pas justifiées par la nature de la tâche à accomplir ou proportionnées au but recherché. Même si M. Bostony est vendeur dans un magasin de sportswear haut de gamme, l'interdiction d'un simple tatouage ethnique ne semble pas justifiée par la tâche à accomplir. En outre, le comportement d'Éric Bostony ne perturbe pas le bon fonctionnement de l'entreprise, et la décision de l'employeur est préventive.
Enfin, il n'y a pas de règles concernant les tatouages dans le règlement intérieur, ni dans le contrat de travail. Aucune règle contractuelle n'empêche donc M. Bostony de réaliser son tatouage tout en gardant son travail.

II. Le licenciement pourrait être considéré comme licite avec un motif réel et sérieux

Un employeur a le droit d'exiger une tenue correcte et soignée, justifiée « par la nature des tâches à accomplir et proportionnée au but recherché ». Ce point, dégagé dans l'article L. 1121-1 du Code du travail, est rappelé dans l'arrêt de la Cour de cassation du 12 novembre 2008. Éric Bostony est conseiller d'une clientèle haut de gamme et par conséquent, un tatouage voyant pourrait offrir à Suncorp la possibilité de limiter les libertés individuelles de son salarié. En effet, du fait de sa mission de vendeur de sportswear de luxe, le tatouage pourrait choquer la clientèle et rendre son apparence incompatible avec ses fonctions.
L'article L. 1235-1 du Code du travail insiste sur le caractère « réel et sérieux » des motifs que doit invoquer l'employeur. L'aspect visible et non dissimulable du tatouage en question pourrait confirmer le caractère sérieux du motif de licenciement de M. Bostony.
Le lien de subordination offre à l'employeur, entre autres, un pouvoir de direction. Le pouvoir de direction permet à l'employeur d'assurer la gestion de son entreprise en fixant les conditions de travail des salariés et en leur donnant des ordres. L'expression du refus de M. Dupretz est claire et antérieure au tatouage. Le non-respect de cette consigne simple pourrait justifier un licenciement.

En conclusion, si le tatouage est relativement discret, il ne semble pas être une cause réelle et sérieuse de licenciement. Il ne représente pas un obstacle à la bonne réalisation de son travail. Il est le fruit de sa liberté d'expression, sans abus ni volonté de nuire.

Afrique-Europe, juin 2014

À l'aide de vos connaissances et des ressources documentaires jointes en annexe, analysez la situation juridique ci-dessous et répondez aux questions posées.

Situation juridique

Mme Nicole Sauly vit en union libre depuis cinq ans avec Monsieur Patrick Ponna. Le couple a deux enfants, respectivement âgés de 4 et 6 ans et s'est établi dans la banlieue de Toulouse. Ils vivent dans une villa appartenant à Nicole. La villa et la voiture de Nicole constituent l'essentiel de son patrimoine.

Depuis quelques années, Nicole travaille à temps partiel dans un magasin toulousain de mode afin de s'occuper de ses enfants. Elle souhaite maintenant reprendre une activité professionnelle à plein temps.

Elle est passionnée de mode et a pris l'habitude de créer tous ses vêtements qui émerveillent ses amies. Elle souhaite pouvoir à l'avenir allier sa passion et son métier.

D'un caractère très indépendant, Nicole envisage de créer sa propre entreprise de création et de commercialisation de vêtements de mode. Elle veut pouvoir prendre seule toutes les décisions. C'est pourquoi elle a aussi prévu de confectionner elle-même ses créations.

Elle pense commencer par créer son entreprise tout en restant salariée.

Par ailleurs, elle veut que sa villa reste protégée des créanciers de son entreprise si cette dernière rencontrait des difficultés.

Après avoir vu un reportage à la télévision, un ami lui conseille de créer une société car d'après lui, seules celles-ci protègent vraiment le patrimoine des entrepreneurs et cela lui permettra d'embaucher des salariés si elle en a besoin. Ce conseil perturbe Nicole car elle ne désire pas partager les décisions et surtout elle ne voit pas avec qui s'associer. Elle préférerait créer une entreprise individuelle.

Questions

1 Qualifiez juridiquement la situation.

Cette première question vise à tester vos compétences méthodologiques en matière de qualification juridique et porte sur les thèmes 7 et 9 du programme : « Comment le droit encadre-t-il le travail salarié ? » et « Comment entreprendre ? ».

Dans ce sujet, la qualification juridique des faits ne pose pas de difficultés particulières. Les termes soulignés dans le corrigé sont attendus par le correcteur.

Le nom de l'employeur n'est pas clairement cité mais il faut l'évoquer tout de même.

Notons que le résumé de la situation traite plusieurs points distincts. Dans un premier temps, le travail de Mme Sauly dans un magasin toulousain ; puis sa situation familiale, pour introduire sa situation patrimoniale ; enfin, ses interrogations sur sa création d'entreprise. Évidemment, il ne faut négliger aucune de ces parties, sans toutefois rentrer dans le détail. Vous devez exposer uniquement les faits ayant un intérêt juridique.

2 Déterminez si Nicole peut lancer sa propre activité et si oui, à quelles conditions juridiques.

La question 2 porte sur la notion de clause de non-concurrence (annexe 1) et fait référence au thème 7 du programme : « Comment le droit encadre-t-il le travail salarié ? ».

Vous avez dû étudier au cours de l'année le contrat de travail et le fait qu'il puisse comporter des clauses spécifiques. Celles-ci peuvent être insérées pour permettre une adaptation du contrat de travail aux besoins des parties.

C'est le cas des clauses de dédit-formation ou de mobilité, mais aussi de la clause de non-concurrence mentionnée dans cette question. Ces clauses, si elles procurent aux partis certains avantages, sont encadrées par le droit pour protéger le salarié contre certains abus.

Dans cette question, il faut se demander si la clause empêche Nicole Sauly de créer sa propre entreprise dans le même domaine que son actuel employeur, et si c'est le cas, dans quelles limites.

3 Exposez les différences juridiques entre l'entreprise individuelle et la société.

Cette question de connaissances porte sur le thème 9 : « Comment entreprendre ? ».

Vous devez répertorier dans votre réponse les différences entre l'EI et la société. Inutile de souligner les points communs ou de réciter votre cours sur la société en abordant des points que vous ne pourrez pas comparer avec l'EI. En se basant sur l'esprit du programme, il faut souligner que la prise en compte du risque pour le patrimoine de l'entrepreneur est un élément prépondérant dans le choix du projet de celui-ci.

Nous vous rappelons que le statut d'auto-entrepreneur est une forme simplifiée de l'entreprise individuelle. Par conséquent, elle peut être éventuellement évoquée, mais elle n'est pas concrètement visée ici.

L'EIRL, qui permet de protéger le patrimoine de l'entrepreneur, n'est pas très différente de l'EURL. En effet, les deux permettent de réduire l'exposition du créateur d'entreprise aux risques. Même s'il y a des différences juridiques, il ne semble opportun de les comparer ici.

4 En admettant que Mme Sauly parvienne à réunir les conditions nécessaires à la création de son entreprise, formulez-lui un conseil concernant la structure juridique la plus appropriée en fonction des contraintes énoncées.

Cette dernière question nous permet de conseiller Nicole Sauly sur la structure juridique la plus adaptée à son projet de création d'entreprise de vêtements de mode. Vous devez vous appuyer sur votre réponse à la question précédente, mais en prenant davantage en compte la situation de Mme Sauly, notamment sa volonté d'entreprendre seule.

Vous utiliserez vos connaissances sur le thème 9 : « Comment entreprendre ? ».

Le sujet semble prioritairement vouloir vous conduire vers le choix de l'entreprise individuelle. Il faudra, dans votre réponse, démontrer pourquoi elle est idéale dans ce cas. Pour cela, vous devez présenter ses avantages et expliquer pourquoi, dans le cas de Mme Sauly, ses inconvénients ne vont pas constituer d'obstacles sérieux. Le principal handicap de l'EI réside dans le fait que la responsabilité des dettes de l'entreprise est totalement supportée par l'entrepreneur sur son patrimoine personnel. Vous devrez donc insister sur la composition du patrimoine de Mme Sauly (presque uniquement sa résidence principale), en soulignant que celle-ci peut être protégée sans avoir recours à la forme sociétaire (Cf. annexe 2).
Le corrigé, proposé ci-dessous, évoque toutefois l'ensemble des choix que pourrait faire Mme Sauly, notamment si elle suivait les conseils de son ami, qui lui propose de créer son entreprise sous forme de société.

Annexes

Annexe 1

Extrait du contrat de travail de Nicole Sauly

Article 9 : Au cours de l'exécution du présent contrat, le salarié ne peut exercer aucune activité liée à la conception, la commercialisation de tous articles de mode dans la ville de Toulouse. En cas de démission, cette interdiction est limitée à la durée d'un an après la cessation de fonctions.
En contrepartie de l'obligation de non-concurrence, il sera versé à Mme Nicole SAULY, après la rupture de son contrat de travail et durant toute la période de la clause de non-concurrence, une indemnité mensuelle égale à 25 % du salaire mensuel brut.

Annexe 2

Article L. 526-1 du Code de commerce (extrait)

Par dérogation aux articles 2284 et 2285 du Code civil, une personne physique immatriculée à un registre de publicité légale à caractère professionnel ou exerçant une activité professionnelle agricole ou indépendante peut déclarer insaisissables ses droits sur l'immeuble où est fixée sa résidence principale ainsi que sur tout bien foncier bâti ou non bâti qu'elle n'a pas affecté à son usage professionnel. [...]

Annexe 3

Article 1832 du Code civil

La société est instiuée par deux ou plusieurs personnes qui conviennent par un contrat d'affecter à une entpreprise commune des biens ou leur industrie en vue de partager le bénéfice ou de profiter de l'économie qui pourra en résulter.
Elle peut être instituée, dans les cas prévus par la loi, par l'acte de volonté d'une seule personne.
Les associés s'engagent à contribuer aux pertes.

Annexe 4

Article L. 223-1 du Code de commerce

La société à responsabilité limitée est instituée par une ou plusieurs personnes qui ne supportent les pertes qu'à concurrence de leurs apports.
Lorsque la société ne comporte qu'une seule personne, celle-ci est dénommée « associé unique ». L'associé unique exerce les pouvoirs dévolus à l'assemblée des associés par les dispositions du présent chapitre. Un décret fixe un modèle de statuts types de société à responsabilité limitée dont l'associé unique, personne physique, assume personnellement la gérance et les conditions dans lesquelles ces statuts sont portés à la connaissance de l'intéressé. Ces statuts types s'appliquent à moins que l'intéressé ne produise des statuts différents lors de sa demande d'immatriculation de la société. [...]

1 Nicole Sauly est salariée en contrat de travail à durée indéterminée à temps partiel. Son employeur est un magasin toulousain de vêtements de mode.
Elle vit en concubinage avec monsieur Patrick, sans être liée par un contrat de mariage. Elle est d'ailleurs l'unique propriétaire de la résidence familiale et d'une voiture, constituant une part très importante de son patrimoine.
Elle désire créer seule son entreprise de vêtements de mode. Seulement, elle souhaite rester parallèlement salariée de son actuel employeur, avec lequel elle est liée par une obligation de non-concurrence.
Enfin, elle s'interroge sur l'opportunité de créer une entreprise individuelle compte tenu des risques pour son patrimoine personnel en cas de dettes de l'entreprise.

2 Une clause de non-concurrence entraîne pour le salarié l'interdiction de travailler pour une entreprise concurrente. Cette proscription doit être limitée dans le temps et géographiquement, de manière raisonnable. Elle doit, par ailleurs, être justifiée, c'est-à-dire qu'il faut démontrer qu'elle sert réellement l'intérêt de l'entreprise. Elle doit également s'accompagner d'une compensation financière pour le salarié.
Nicole Sauly, salariée à temps partiel dans le magasin de mode, veut, conjointement, exercer son activité de salariée et créer et commercialiser des articles de mode pour son propre compte. Selon l'article 9 du contrat de travail de Mme Sauly (Cf. annexe 1), durant l'exécution du contrat, elle ne peut exercer aucune activité liée à la conception ou à la commercialisation de tout article de mode dans la ville de Toulouse. En outre, sa démission entraînerait une interdiction similaire d'un an. Enfin, son contrat comporte une indemnité en contrepartie de la clause en question. Concrètement, la clause de son contrat de travail répond aux limites légales de temps et d'espace géographique, permet réellement de protéger les intérêts économiques de son employeur et s'accompagne d'une indemnité pour compenser les interdictions engendrées par cette clause particulière.
Nous pouvons conclure de ces observations que la clause de non-concurrence du contrat de Nicole Sauly est légale. Par conséquent, si elle persiste dans sa volonté de créer sa propre entreprise de vêtements, nous pouvons lui conseiller de s'installer dans une autre ville que Toulouse, afin de respecter la limite géographique qui lui est imposée.

3 L'activité peut être exercée sous deux formes juridiques : l'entreprise individuelle (EI) et la société. Nous pouvons constater de nombreuses différences entre ces deux structures. L'EI et son créateur ne forment qu'une seule et unique personne, avec son patrimoine, qui se confond avec celui de son entreprise, tandis que la société est une personne « morale » distincte de son associé, même s'il est seul.
Nous pouvons distinguer les deux types d'organisations selon les critères suivants :

Les formalités de constitution

Les formalités de création sont plus légères pour une entreprise individuelle que pour une société. La création d'une EI est relativement simple et peu onéreuse, elle ne nécessite pas la rédaction de statuts, ni le versement d'un quelconque apport en vue de constituer un capital minimal. Les sociétés, elles, doivent obligatoirement établir des statuts et procéder à des formalités complémentaires, telles que la publicité dans un journal d'annonces légales. C'est le dépôt des statuts qui marque la naissance de la société. Son immatriculation au registre du commerce et des sociétés fait naître son statut de personne morale. Cette caractéristique fondamentale permet à la société de posséder la personnalité juridique et, à ce titre, de pouvoir ester en justice. C'est également ce qui lui permet d'avoir un patrimoine propre et de répondre de ses dettes sur ce patrimoine, en priorité, et non sur le patrimoine privé de l'entrepreneur. Selon la forme juridique choisie, un apport en capital peut être obligatoire. Ainsi, pour une SARL (société à responsabilité limitée), un apport minimal n'est pas exigé, alors que la SA (société anonyme) sans appel public à l'épargne doit être constituée avec un apport minimal de 37 000 €.

Le patrimoine

L'entrepreneur individuel doit répondre, sur son patrimoine personnel, de l'ensemble de ses dettes professionnelles. L'EI présente donc un grand risque, puisque la responsabilité de l'entrepreneur est illimitée. De plus, son patrimoine personnel inclut le patrimoine de son conjoint s'ils sont mariés sous le régime de droit commun. La loi permet toutefois de protéger ses biens immobiliers non affectés à un usage professionnel en procédant à une « déclaration d'insaisissabilité » (Cf. annexe 2).

La société ayant une personnalité autonome, elle dispose d'un patrimoine propre. En cas de pertes, le patrimoine personnel des associés n'est pas engagé (Cf. annexe 4).

Le régime fiscal

Sur le plan fiscal, les bénéfices de l'entreprise individuelle sont portés sur la déclaration de revenus personnelle de l'entrepreneur. Il n'existe donc pas de déclaration propre à établir, comme c'est le cas pour les sociétés, et l'impôt sur les bénéfices ne concerne pas l'entreprise individuelle.

Le fonctionnement

L'entrepreneur individuel est libre d'agir et n'a de compte à rendre à personne.

L'entrepreneur en société doit respecter un certain formalisme dans la prise de décisions (procès-verbaux, registres, publicité légale...) et rendre des comptes aux autres associés éventuels.

4 Pour mener à bien son projet, Nicole Sauly est confrontée à de multiples contraintes. Elle souhaite entreprendre et décider seule ; elle veut également protéger son patrimoine immobilier personnel.

Le sujet semble suggérer que l'entreprise individuelle est la structure la plus appropriée à la situation de Mme Sauly. En effet, elle souhaite entreprendre et diriger seule et l'EI lui permettra, comme elle le désire, de prendre toutes les décisions dans le cadre de l'activité de son entreprise.

Seulement, si l'EI est la forme la plus simple pour entreprendre, elle confond les patrimoines professionnel et personnel de l'entrepreneur, qui devra prendre en charge les dettes de son entreprise sur son patrimoine personnel.

Cependant, afin de protéger sa résidence principale, elle pourra faire une déclaration d'insaisissabilité de sa villa auprès d'un notaire, comme le permet l'article L. 526.1 du Code de commerce (Cf. annexe 2). Ainsi, en cas de dettes professionnelles, son habitation sera protégée d'une éventuelle saisie par les créanciers.
Elle peut également choisir une autre forme juridique d'entreprise si elle souhaite protéger son patrimoine personnel au-delà de sa résidence d'habitation : l'EIRL (entrepreneur individuel à responsabilité limitée), qui, par une simple déclaration d'affectation de certains biens à son activité professionnelle, pourra isoler ses biens personnels pour constituer un « patrimoine d'affectation ». Cela permettrait à Mme Sauly de protéger sa voiture personnelle des risques liés à son activité professionnelle, notamment en cas de faillite.
Enfin, notons que le régime de l'auto-entrepreneur, non évoqué dans le sujet, permet de bénéficier d'une simplification des démarches administratives, ainsi que d'un régime fiscal et social ultra-simplifié, et qu'il est compatible avec le dispositif de l'EIRL. Il permettrait à Nicole Sauly de lancer son activité facilement et sans trop de risques. Cependant, l'activité ne doit pas dépasser un certain seuil de chiffre d'affaires.
Si, sur les conseils de son ami, Nicole Sauly opte pour la création d'une société, elle peut choisir le statut d'EURL (entreprise unipersonnelle à responsabilité limitée), qui est une société à associé unique. Dans ce cadre, elle assumera personnellement la gérance (Cf. annexe 4), comme l'indique l'article L. 223.1 du Code de commerce, tout en ayant une responsabilité limitée au montant des apports, car il y a constitution d'une personne morale, comme le précise l'article 1832 du Code civil (Cf. annexe 3). Ainsi, son patrimoine personnel sera entièrement à l'abri des risques liés à son activité professionnelle.
Néanmoins, s'agissant d'une personne morale, sa création nécessite des conditions spécifiques et plus de formalités. Son fonctionnement est également plus encadré.

Polynésie, juin 2014

À l'aide de vos connaissances et des ressources documentaires jointes en annexe, analysez la situation juridique ci-dessous et répondez aux questions posées.

Situation juridique

SWIMWOOD, dirigée par M. Rondin, est une société spécialisée dans la fabrication et la vente de piscines hors-sol en bois. Ces piscines, esthétiques et de qualité, s'installent rapidement sur le sol sans nécessiter de travaux de construction. Elles sont fabriquées dans un atelier situé dans le département des Landes à partir de pin maritime et distribuées dans quatre points de vente répartis dans le Sud-Ouest. Les clients sont des particuliers qui viennent en magasin pour passer commande. Exceptionnellement, à leur demande et sur rendez-vous, il arrive que les vendeurs se déplacent chez les clients.

Le 10 avril 2013, M. Rondin reçoit une lettre recommandée avec avis de réception d'un client, M. Darrieux, qui demande l'annulation du contrat signé à son domicile le 5 avril avec un de ses commerciaux ainsi que le remboursement de l'acompte qu'il a versé à cette occasion.

Questions

1 Qualifiez juridiquement le contrat et les parties au contrat.

Ce sujet, portant sur la vente d'une piscine et les conditions d'annulation d'un contrat, exploite principalement les thèmes 1 et 5 du programme de première : « Qu'est-ce que le droit ? » et « Quel est le rôle du contrat ? ».

Dans le thème 1, vous avez abordé la notion de « qualification juridique ». Dans ce cadre, vous avez découvert que le droit, ayant vocation à saisir toutes les situations de la vie en société, ne peut pas décrire chacune d'elles en raison du caractère général de la règle de droit. C'est pourquoi il se réfère à des catégories juridiques : la personne physique, la victime, le contrat ou le salarié, par exemple.

Vous avez également appris dans cette partie du programme la « hiérarchie des normes juridiques ». Elle implique que chaque norme juridique doit se conformer à l'ensemble des règles en vigueur ayant une importance particulière dans la hiérarchie des normes, ou du moins être compatible avec ces règles.

Le thème 5 du programme de première évoque, entre autres, le contrat de consommation. Celui-ci est caractérisé dès lors qu'il met en présence un professionnel et un consommateur, et ce indépendamment de son objet.

Pour répondre à cette question, vous pourrez également utiliser vos connaissances sur la notion de « droit de repentir » qui, dans certains contrats, permet au consommateur de revenir sur son accord.

Cette première question méthodologique porte donc, comme tout le sujet, sur des notions du programme de première. Seule la nature du contrat et les différentes parties au contrat doivent y figurer.

2 Formulez les deux problèmes juridiques posés.

Les problèmes juridiques ne présentent pas particulièrement de difficulté puisqu'ils sont clairement évoqués dans le dernier paragraphe de la situation juridique et rappelés dans l'intitulé de la question 4.

M. Darrieux explique sa volonté d'annuler le contrat et de se faire restituer l'acompte de 2 280 € qu'il a versé.

Vous devez exposer les problèmes de droit, dont les faits présentés dans la situation juridique sont à l'origine, sous forme de questions générales.

3 Identifiez les règles juridiques applicables à cette situation.

Le problème juridique et la qualification des faits (questions 1 et 2) vous ont permis de définir le régime juridique applicable. Il s'agit maintenant d'indiquer concrètement les règles de droit utiles à la résolution de cette situation.

Des règles vous sont fournies en annexes :

- Annexe 2 : extrait des conditions générales de vente du contrat de consommation conclu avec la société Swimwood ;
- Annexe 3 : articles du Code de la consommation.

Il est également attendu de vous, à chaque fois que cela est possible, que vous fassiez appel à vos connaissances. Pour cette question, vous ferez référence au thème 5 du programme de première : « Quel est le rôle du contrat ? ».

Dans ce thème, vous avez travaillé sur le droit de rétractation. Ce droit permet au consommateur d'annuler son engagement après une période de réflexion et sans avoir à se justifier. Il accorde un délai de sept jours francs en cas de vente à domicile, de vente à distance ou de contrat de crédit. Le délai court à compter de la réception du bien dans le cas du contrat de vente. La vente à domicile fait donc partie de ces contrats.

Ce type de vente est particulièrement protégé car le contrat résulte d'un démarchage qui peut donner lieu à un travail de persuasion du représentant de commerce. Tous les contrats conclus « hors des lieux de vente » sont assimilés à de la vente par démarchage. D'autres cas sont encadrés de la même manière : la vente à distance, le démarchage téléphonique et la vente ou la prestation de services à crédit.

4 Expliquez de manière argumentée si la demande en annulation de M. Darrieux est juridiquement fondée, ainsi que sa demande de remboursement de l'acompte.

Afin de répondre aux deux problèmes juridiques identifiés à la question 2, il faut avoir recours à un syllogisme.

L'argumentation juridique, ou syllogisme, permet de rapprocher les faits juridiquement qualifiés des règles de droit applicables, par un jeu de logique. Il se déroule en trois temps :

- l'exposé des règles juridiques (vous les avez identifiées à la question 3) ;

– la constatation des faits et leur qualification ;
– l'application de la règle de droit aux faits pour obtenir la solution.

Le respect de la méthode est important. Dévoiler la solution du cas en début de réponse serait très maladroit.
La qualification des faits et l'ensemble de votre travail nécessitent un vocabulaire adapté.

Annexes

Annexe 1

Extrait de la lettre recommandée envoyée par M. Darrieux

Le 8 avril 2013
[...] J'ai pris rendez-vous avec un commercial de votre société. À la fin de sa visite à mon domicile, le 5 avril, j'ai signé trop vite un bon de commande d'un montant de 7 600 euros pour l'achat d'une piscine, modèle Californie.
Je vous demande de procéder à l'annulation de cette vente à domicile et de me rembourser l'acompte de 2 280 euros dans un délai maximal de quinze jours. [...]
M. Darrieux

Annexe 2

Extrait des conditions générales de vente de la société SWIMWOOD

CONDITIONS GÉNÉRALES DE VENTE
Art. 1 : DISPOSITIONS GÉNÉRALES
Les conditions générales de vente suivantes régissent les relations contractuelles entre la société SWIMWOOD et son client. Elles sont réputées acceptées sans restriction ni réserve par l'acheteur dès lors qu'il signe un bon de commande dûment complété, ou un devis assorti de la mention « bon pour accord ».
Art. 2 : CONCLUSION DU CONTRAT
Les offres faites par nos commerciaux après présentation des modèles et des caractéristiques techniques, soit en exposition, soit sur catalogue, nous engagent auprès du client dès la signature du contrat et le versement d'un acompte égal à 30 % du montant TTC de la commande.
Art. 3 : ANNULATION OU MODIFICATION DU CONTRAT
Les commandes sont fermes et définitives et engagent réciproquement la société SWIMWOOD et le client. Une fois la commande validée, celle-ci ne pourra être annulée ou modifiée, quel qu'en soit le motif. [...]

Annexe 3

Articles du Code de la consommation

Article L. 121-21
Est soumis aux dispositions de la présente section quiconque pratique ou fait pratiquer le démarchage, au domicile d'une personne physique, à sa résidence ou à son lieu de travail, même à sa demande, afin de lui proposer l'achat, la vente, la location, la location-vente ou la location avec option d'achat de biens ou la fourniture de services [...].
Article L. 121-23
Les opérations visées à l'article L. 121-21 doivent faire l'objet d'un contrat dont un exemplaire doit être remis au client au moment de la conclusion de ce contrat et comporter, à peine de nullité, les mentions suivantes :
1) Noms du fournisseur et du démarcheur ;
2) Adresse du fournisseur ;
3) Adresse du lieu de conclusion du contrat ;
4) Désignation précise de la nature et des caractéristiques des biens offerts ou des services proposés ;
5) Conditions d'exécution du contrat, notamment les modalités et le délai de livraison des biens, ou d'exécution de la prestation de services ;
6) Prix global à payer et modalités de paiement ; en cas de vente à tempérament ou de vente à crédit, les formes exigées par la réglementation sur la vente à crédit, ainsi que le taux nominal de l'intérêt et le taux effectif global de l'intérêt déterminé dans les conditions prévues à l'article L. 313-1 ;
7) Faculté de renonciation prévue à l'article L. 121-25, ainsi que les conditions d'exercice de cette faculté et, de façon apparente, le texte intégral des articles L. 121-23, L. 121-24, L. 121-25 et L. 121-26.
Article L. 121-24
Le contrat visé à l'article L. 121-23 doit comprendre un formulaire détachable destiné à faciliter l'exercice de la faculté de renonciation dans les conditions prévues à l'article L. 121-25 [...].
Article L. 121-25
Dans les sept jours, jours fériés compris, à compter de la commande ou de l'engagement d'achat, le client a la faculté d'y renoncer par lettre recommandée avec accusé de réception. Si ce délai expire normalement un samedi, un dimanche ou un jour férié ou chômé, il est prorogé jusqu'au premier jour ouvrable suivant [...].
Article L. 121-26
Avant l'expiration du délai de réflexion prévu à l'article L. 121-25, nul ne peut exiger ou obtenir du client, directement ou indirectement, à quelque titre ni sous quelque forme que ce soit une contrepartie quelconque ni aucun engagement ni effectuer des prestations de services de quelque nature que ce soit [...].

1 La société Swimwood est un professionnel, personne morale. Elle a conclu un contrat de consommation avec M. Darrieux, consommateur, personne physique, ayant pour objet l'achat d'une piscine.

2 Un consommateur ayant signé un contrat de consommation ne prévoyant aucune possibilité d'annulation peut-il faire jouer son droit de rétractation ?

Autre proposition acceptable :
L'annulation d'une commande par le consommateur lui permet-elle de se voir restituer un acompte préalablement versé ?

3 **Règles correspondant à la demande en annulation du contrat de consommation :**
Dans l'article 3 des conditions générales de vente (Cf. annexe 2), il est précisé, concernant l'annulation ou la modification du contrat, que : « les commandes sont fermes et définitives et engagent réciproquement la société Swimwood et le client. Une fois la commande validée, celle-ci ne pourra être annulée ou modifiée, quel qu'en soit le motif [...] ».
La faculté de renonciation est prévue dans le Code de la consommation.
Article L. 121-25 : « Dans les sept jours, jours fériés compris, à compter de la commande ou de l'engagement d'achat, le client a la faculté d'y renoncer par lettre recommandée avec accusé de réception. Si ce délai expire normalement un samedi, un dimanche ou un jour férié ou chômé, il est prorogé jusqu'au premier jour ouvrable suivant. »
Règles correspondant à la demande de remboursement de l'acompte :
Le Code de la consommation précise ce point.
Article L. 121-26 : « Avant l'expiration du délai de réflexion prévu à l'article L. 121-25, nul ne peut exiger ou obtenir du client, directement ou indirectement, à quelque titre ni sous quelque forme que ce soit une contrepartie quelconque ni aucun engagement ni effectuer des prestations de services de quelque nature que ce soit. »

4 1) Le contrat stipule, dans son article 3, qu'« une fois la commande validée, celle-ci ne pourra être annulée ou modifiée, quel qu'en soit le motif [...] ».
Seulement, cela contredit les articles tirés du Code de la consommation (annexe 3).
En effet, la faculté de renonciation est prévue à l'article L. 121-25.
Article L. 121-25 : « Dans les sept jours, jours fériés compris, à compter de la commande ou de l'engagement d'achat, le client a la faculté d'y renoncer par lettre recommandée avec accusé de réception. Si ce délai expire normalement un samedi, un dimanche ou un jour férié ou chômé, il est prorogé jusqu'au premier jour ouvrable suivant. »
En outre, l'interdiction d'engagement ou de contrepartie dans le délai offert au consommateur y est précisée.

L'article L. 121-26 du Code de la consommation établit ceci : « Avant l'expiration du délai de réflexion prévu à l'article L. 121-25, nul ne peut exiger ou obtenir du client, directement ou indirectement, à quelque titre ni sous quelque forme que ce soit une contrepartie quelconque ni aucun engagement ni effectuer des prestations de services de quelque nature que ce soit. »

2) Or, la société Swimwood a conclu son contrat de vente de piscine avec M. Darrieux le 5 avril. Cet accord a été signé lors d'un démarchage à domicile. Le jour de la signature, M. Darrieux a versé un acompte de 2 280 €. Par un courrier recommandé daté du 8 avril et réceptionné le 10 avril, la société Swimwood a reçu une demande d'annulation dudit contrat.

3) L'article 3 du contrat de consommation de la société Swimwood n'est pas compatible avec l'article L. 121-25 du Code de la consommation. En principe, chaque norme doit être conforme à celles qui lui sont supérieures dans la hiérarchie juridique des normes. Là, le contrat ne peut déroger à des dispositions situées à un niveau juridique supérieur, comme une loi tirée du Code de la consommation.
Nous pouvons en conclure que le Code de la consommation s'applique et que M. Darrieux pouvait faire annuler le contrat jusqu'au 13 avril, par courrier recommandé. Son courrier ayant répondu aux règles de forme, l'annulation était possible. Quant à l'acompte, il a été versé avant la fin du délai de réflexion de M. Darrieux et la société Swimwood n'avait pas le droit d'« exiger ou d'obtenir » de lui une contrepartie. L'acompte de 2 280 € devra lui être restitué.

Sujet inédit

À l'aide de vos connaissances et des ressources documentaires jointes en annexe, analysez la situation juridique ci-dessous et répondez aux questions posées.

Situation juridique

Nathalie Cerisier est employée en qualité de commerciale dans l'entreprise « Sectora », fabricant de matériel de caisse. Elle prospecte les grandes surfaces afin de leur proposer des postes de caisse ergonomiques qui permettent de faciliter l'accès des clients aux séparateurs de file le long des tapis de caisse, ainsi qu'au terminal d'encaissement par carte bancaire.

Cette salariée n'atteint plus les objectifs de vente fixés par son manager. Convoquée le 10 septembre 2013 par son supérieur hiérarchique, elle a reconnu qu'elle rencontrait des difficultés pour convaincre les clients d'acheter. Une formation spécifique lui a alors été proposée (15 jours en doublure avec un collègue). Lors de l'entretien d'évaluation conduit le 6 janvier 2014, le constat reste le même. Une nouvelle formation est organisée auprès d'un second collègue. Le bilan réalisé le 16 mai 2014 est négatif.

Elle reçoit la lettre jointe en annexe 1 et conteste la décision prise à son encontre. Elle menace de porter l'affaire devant le tribunal. Le directeur de « Sectora » vous demande conseil.

Questions

1 Qualifiez les faits exposés dans la situation.

Cette première question porte sur le thème 7 : « Comment le droit encadre-t-il le travail salarié ? ». Elle aborde, plus précisément, la rupture du contrat de travail à durée indéterminée, et la notion de licenciement individuel.

Vous devez traduire en termes juridiques la situation initiale, en la résumant. Ainsi, il vous faudra qualifier la situation en insistant sur les points juridiques fondamentaux pour la suite : le contrat, le licenciement individuel pour insuffisance professionnelle, et les formations effectuées à la demande de l'employeur notamment. Ce travail de qualification permettra par la suite de déterminer le tribunal compétent (question 2), la règle applicable (question 3) et d'en tirer les conséquences dans un raisonnement juridique (question 4). Les termes soulignés sont attendus par le correcteur.

Notons que la nature du contrat de travail de Mme Cerisier n'est pas explicitement indiquée. Toutefois, nous prendrons comme hypothèse, en nous appuyant sur le programme, que c'est un contrat de travail à durée indéterminée à temps plein.

2 Identifiez la nature du tribunal compétent dans cette affaire. Justifiez.

Les notions abordées dans cette question sont issues du thème 2 : « Comment le droit permet-il de régler un litige ? ».

La qualification de la question 1 nous a permis de souligner que nous avions un litige entre un salarié et un employeur à propos de la rupture d'un contrat de travail.

3 Formulez le problème juridique qui se pose dans cette situation.

Le problème juridique auquel sont confrontés les juges prud'homaux fait référence, comme la question qui suivra, au thème 7 : « Comment le droit encadre-t-il le travail salarié ? ».

Le licenciement peut être individuel ou collectif, mais dans tous les cas, il exige une cause réelle et sérieuse pour protéger le ou les salariés des conséquences du licenciement. Cette notion doit donc être évoquée dans votre problème juridique.

Pour la suite, rappelons que la cause est réelle si elle est objective, existante et exacte. Elle est sérieuse si elle est suffisamment grave pour légitimer la rupture du contrat de travail. À défaut de cause réelle et sérieuse, le licenciement est abusif.

Cette question que se poseraient les juges s'ils étaient saisis consiste, en utilisant un vocabulaire juridique adapté, à formuler les difficultés juridiques que la règle de droit va solutionner dans la question 4. D'autres magistrats pouvant utiliser cette affaire pour régler une situation similaire dans le futur, il vous sera demandé de formuler votre problème juridique sous la forme d'une question générale. Ainsi, les noms de Mme Cerisier et de l'entreprise « Sectora » ne doivent, par exemple, pas être mentionnés ici.

Le corrigé propose plusieurs réponses possibles. Une seule sera nécessaire dans votre copie.

4 Formulez le raisonnement juridique que devront conduire les juges si l'affaire devait être portée devant le tribunal.

Vous devez porter un soin particulier à la rédaction de votre réponse en utilisant la méthode du syllogisme juridique.

Un raisonnement juridique (ou argumentation juridique ou syllogisme) répond à des règles de formes particulières. Le respect de la méthodologie contribuera à bonifier votre copie. Cette méthode de raisonnement permet d'appliquer à une situation de fait la solution prévue par une règle de droit. Cette démarche se déroule en trois étapes :

- 1) la majeure : il s'agit de la règle de droit applicable.
- 2) la mineure : il s'agit des faits constatés.
- 3) la conclusion : la confrontation de la majeure et de la mineure permet de donner la solution.

Pour la majeure, vous devrez vous appuyer sur l'arrêt de la Cour de cassation, chambre sociale, 17 février 2004. Il vous permettra de dégager que l'insuffisance professionnelle n'est pas une « faute ». Par conséquent, le licenciement pour faute grave ne sera pas retenu. Toutefois, en vous appuyant sur vos connaissances, vous pourrez rappeler que le licenciement est justifié lorsque le salarié fait preuve d'insuffisance professionnelle. Un licenciement pour fait non fautif pourra, par conséquent, être retenu si sa cause est réelle et sérieuse.

Pour la mineure, il s'agira de rappeler les faits qui ont poussé l'entreprise « Sectora » à notifier à Mme Cerisier son licenciement pour faute grave. Il convient d'insister sur l'absence de faute de la salariée, sur ses insuffisances professionnelles et sur les deux formations dont elle a bénéficié.

Notons enfin que le licenciement pour faute grave est lourd de conséquences pour le salarié, qui perd le droit à l'indemnité de licenciement et à l'indemnité de préavis. Par conséquent, l'employeur, dans son courrier (annexe 1) accordant à Mme Cerisier ces deux éléments, souligne implicitement que ce licenciement n'a pas un réel caractère de gravité. Pour être considérée comme grave, la faute doit être d'une importance telle qu'elle rend impossible le maintien du salarié dans l'entreprise et ce, même pendant la durée de son préavis.

5 Quel serait l'intérêt pour les parties de privilégier le recours à la rupture conventionnelle ?

Cette dernière question porte également sur la rupture du contrat de travail. Toutefois, le licenciement est mis de côté pour que nous puissions nous intéresser à la notion de rupture conventionnelle.

La rupture conventionnelle est une alternative récente au licenciement et à la démission. Elle permet de rompre un contrat de travail à durée indéterminée à l'amiable lorsque les deux parties sont d'accord pour mettre fin au contrat de travail. Une convention de rupture doit être élaborée entre l'employeur et son salarié, et être homologuée par l'inspection du travail.

Ce document précise la date de la fin du contrat et l'indemnité allouée par l'employeur au salarié.

Une étude de la Dares (Direction de l'animation de la recherche, des études et des statistiques) montre que les ruptures conventionnelles représentent 16 % des fins de contrat à durée indéterminée pour l'ensemble des salariés. Ce chiffre élevé pour un dispositif qui ne date que de 2008 mérite que nous nous interrogions sur les avantages de cet outil pour les différentes parties utilisatrices.

Annexes

Annexe 1

Document adressé à Mme Cerisier

Entreprise Sectora
Orléans, le 8 juin 2014

M. Ravier Hector
Directeur
10, avenue du Général-de-Gaulle
45000 Orléans

Lettre recommandée avec avis de réception

Madame Cerisier,

Au cours de l'entretien préalable que nous avons eu le 5 juin 2014, vous avez été informée que nous envisagions une mesure de licenciement à votre égard. Nous avons le regret de vous notifier votre licenciement pour faute grave.

En effet, à plusieurs reprises, nous avons pu constater votre insuffisance professionnelle :

- incapacité à atteindre les objectifs de vente fixés sur deux ans ;
- baisse constante des ventes ;
- manque de motivation au travail.

La date de présentation de cette lettre fixe le point de départ de votre préavis de deux mois. Vous bénéficierez des indemnités de licenciement prévues par la loi.

Veuillez agréer, Madame Cerisier, l'expression de nos salutations distinguées.

Le directeur, H. Ravier

Annexe 2

Cour de cassation, chambre sociale, 17 février 2004

Attendu que M. X, engagé le 16 octobre 1991 par l'association Fédération française d'éducation physique et de gymnastique volontaire, en qualité de responsable du service de gestion-comptabilité, a été licencié le 24 décembre 1998 pour faute grave tirée de son insuffisance professionnelle ;

Attendu que pour décider que le licenciement était fondé sur une faute grave, la cour d'appel a retenu que les erreurs commises dans la gestion de la rémunération du personnel, les retards accumulés dans la gestion du budget et les inexactitudes répétées dans la tenue de la comptabilité qui avaient été signalés par les commissaires aux comptes et dont certains avaient donné lieu à des redressements, mettaient en cause, de la part d'un responsable du service de gestion et de comptabilité qui avait déjà reçu un avertissement et qui avait bénéficié par ailleurs de stages de formation professionnelle, la fiabilité des comptes, la capacité des organes de direction à prendre des décisions et affectait leur crédibilité dans les relations avec les salariés et les comités départementaux et que le maintien dans l'entreprise de M. X pendant la durée du délai-congé était incompatible avec la préservation des intérêts majeurs de l'employeur ;

Qu'en statuant ainsi, alors que l'insuffisance professionnelle, sauf mauvaise volonté délibérée du salarié, ne constitue pas une faute, l'arrêt qui n'a pas caractérisé la mauvaise volonté du salarié n'a pas donné de base légale à sa décision ;

PAR CES MOTIFS :

CASSE ET ANNULE

Annexe 3

Extraits du Code du travail

Article L. 1237-11

L'employeur et le salarié peuvent convenir en commun des conditions de la rupture du contrat de travail qui les lie. La rupture conventionnelle ne peut être imposée par l'une ou l'autre des parties. Elle résulte d'une convention signée par les parties au contrat.

Article L. 1237-13

La convention de rupture définit le montant de l'indemnité spécifique de rupture conventionnelle, qui ne peut pas être inférieur à celui de l'indemnité de licenciement. Elle fixe la date de rupture du contrat de travail. À compter de la date de sa signature par les deux parties, chacune d'entre elles dispose d'un délai de 15 jours calendaires pour exercer son droit de rétractation.

Article L. 1237-14

À l'issue du délai de rétractation, la partie la plus diligente adresse une demande d'homologation à l'autorité administrative qui dispose de 15 jours ouvrables, à compter de la réception de la demande, pour s'assurer du respect de la loi. À défaut de notification dans ce délai, l'homologation est réputée acquise.

1 Mme Nathalie Cerisier est employée en qualité de salariée par l'entreprise « Sectora », son employeur. Elle est liée à ce dernier par un contrat de travail. Lors des deux dernières années, son activité professionnelle ne donne plus satisfaction malgré les actions de formation mises en place sur la proposition de l'employeur. D'abord convoquée à l'entretien préalable réglementaire, elle reçoit notification de son licenciement pour faute grave liée à son insuffisance professionnelle et conteste cette décision.

2 Nathalie Cerisier pourra, si elle décide de contester le licenciement, porter son affaire devant le conseil de prud'hommes. En effet, elle est salariée de l'entreprise « Sectora » par un contrat de droit privé. Le litige est individuel et porte sur la rupture du contrat de travail.

3 Le licenciement est-il fondé sur une cause réelle et sérieuse ?
Autres propositions possibles :
Un licenciement sans faute est-il justifiable ?
Le licenciement est-il abusif si aucune faute professionnelle n'est commise ?

4 Pour être fondé, un licenciement doit être motivé et justifié par une cause réelle et sérieuse. Est réelle la cause qui est objective et que l'employeur peut prouver ; est sérieuse la cause suffisamment grave pour justifier un licenciement (gravité qui rend impossible, sans dommage pour l'entreprise, la continuation du travail).Toutefois, selon l'arrêt de la Cour de cassation du 17 février 2004, l'insuffisance professionnelle, sauf mauvaise volonté délibérée du salarié, ne constitue pas une faute.
Or, le motif est énoncé comme une faute grave liée à une insuffisance professionnelle (annexe 1). Dans un premier temps, constatons que la cause est réelle, puisque la baisse des ventes et la non-obtention des objectifs sont reconnues par la salariée. Nous constatons également que Mme Cerisier a bénéficié de deux formations sans amélioration de ses performances. Toutefois, le grief « manque de motivation » devra être démontré par l'employeur par des indices précis, matériellement vérifiables. Notons également que la cause est sérieuse : la baisse des ventes sur deux ans peut mettre en péril l'entreprise et revêt une gravité certaine. Enfin, nous pouvons souligner que les insuffisances ne sont pas, en l'absence d'une mauvaise volonté du salarié, une faute (annexe 2).
Donc, le licenciement semble légalement fondé, sous réserve d'apporter la preuve du manque de motivation. Toutefois, il ne pourra être retenu le caractère de « faute grave » dans ce licenciement.

5 La rupture conventionnelle permet au salarié et à l'employeur de mettre fin d'un commun accord au contrat de travail (cf. annexe 3), sans avoir à en indiquer le motif. Le recours à la rupture conventionnelle possède de nombreux avantages.
L'entreprise « Sectora » serait dispensée des obligations inhérentes au licenciement. Elle n'aura nul besoin d'indiquer le motif du licenciement (qui est contesté dans la question 4) de Mme Cerisier, et la procédure sera moins contraignante qu'un licen-

ciement classique. Le délai permettant à un salarié de contester la rupture conventionnelle est plus court, il n'existe aucune obligation de préavis de départ si les parties ne l'ont pas prévu, et les risques de contestation de Mme Cerisier devant un tribunal sont faibles puisque l'accord est amiable.
Mme Cerisier trouvera également des avantages dans le recours à cet accord amiable. Elle percevra des indemnités de rupture au moins équivalentes à l'indemnité de licenciement et surtout aura droit aux indemnités de chômage. En outre, dans le cadre de la recherche d'un nouvel emploi, cela peut lui permettre de quitter son entreprise en bons termes.

Sujet zéro du ministère, février 2012

Questions

À partir de vos connaissances et de la documentation fournie en annexe :

1 Distinguez les notions de déficit public et de dette publique.

Cette question porte sur les notions de déficit budgétaire et de dette souveraine. Elles ont été étudiées dans le thème 9 du programme : « L'État a-t-il des marges de manœuvre en termes de politiques économiques ? ».

Vous devez définir ces deux termes puis mettre en avant les éléments qui les différencient.

2 Présentez l'évolution de la dette publique des États entre 2005 et 2010.

Cette question vise à évaluer vos compétences méthodologiques dans l'interprétation des données économiques. Vous devez ainsi analyser les graphiques de l'annexe 2 portant sur les « déficits publics et dettes publiques dans certains États de l'Union européenne ».

Le premier graphique évoque les capacités ou besoins de financement des administrations publiques sur une année. Il vous permet ainsi de voir entre 2005 et 2010 si les pays concernés sont en excédent ou en déficit public.

Évidemment, vous devrez répondre en débutant par l'exposé de la tendance générale dégagée par ce graphique. Dans un second temps seulement, vous évoquerez les détails. Dans le premier graphique, on observe que les États ont globalement des besoins de financement et par conséquent des déficits. C'est après cette constatation que vous pourrez sélectionner et évoquer des informations particulières. Ici, par exemple, les capacités de financement de l'Espagne de 2005 à 2007 avant la crise économique.

Le deuxième graphique porte sur la dette publique de différents États du continent européen de 2005 à 2010. Comme pour chaque analyse de graphique, vous partirez de la tendance générale pour aller vers l'analyse plus fine des informations particulières.

3 Identifiez les leviers dont dispose l'État français pour réduire son déficit.

Cette question porte sur l'identification et l'explication de mécanismes économiques liés à la notion de déficit public définie à la première question. Vous devez utiliser vos connaissances afin d'identifier les informations pertinentes figurant dans les annexes 1 et 3.

4 Présentez les arguments qui permettent de répondre à la question suivante : **« La mise en œuvre d'une politique de réduction des déficits publics s'impose-t-elle en France ? Quels en sont les risques ? »**

Cette question nécessite de votre part une réponse argumentée et organisée afin de défendre une opinion économique sur le sujet proposé. Elle implique la mobilisation de vos connaissances, la compréhension et l'utilisation des réponses aux questions précédentes, ainsi qu'une utilisation de la documentation fournie avec le sujet.

La réponse à cette question reprend donc en partie les éléments de réponse aux questions de nature méthodologique, mais doit être complétée à la fois par d'autres informations fournies par les documents et par vos connaissances.
La réponse doit comporter une courte introduction. Elle comprend une phrase d'accroche et la présentation de la question posée, puis la définition des termes importants du sujet, non encore définis dans les autres questions. Notons qu'ici la notion de « déficit public » a déjà été traitée dans la première question.
Une conclusion n'est pas exigée, toutefois vous pouvez d'une simple phrase répondre à la problématique.
L'ensemble de la réponse doit clairement mettre en évidence vos « arguments ». Un argument est une idée que vous avez développée et agrémentée d'un exemple. L'erreur serait de mettre toutes vos idées dans la même phrase ou de ne pas les développer suffisamment.

Annexes

Annexe 1

Un effort de redressement

La France doit faire un effort considérable de redressement de ses finances publiques par une stricte maîtrise des dépenses et par des hausses de prélèvements obligatoires. À défaut, la dette resterait sur une trajectoire dangereuse de gonflement auto-entretenu.
Les perspectives macroéconomiques sont certes incertaines et une consolidation budgétaire trop hâtive pourrait freiner la reprise de la croissance. [...]
La France est au quatrième rang de l'OCDE pour le taux de ses prélèvements obligatoires, derrière le Danemark, la Suède et la Belgique. Même si d'autres pays relèvent leurs impôts pour réduire leurs déficits, comme c'est probable, les marges fiscales disponibles pour consolider les finances publiques sont donc faibles.
L'effort de redressement devra en conséquence porter prioritairement sur les dépenses publiques qu'il est possible de réduire sans remettre en cause des politiques ou des services publics essentiels. Leur montant, en points de PIB, mettait la France au troisième rang de l'OCDE en 2009. [...]

(Source : Cour des comptes, *Rapport sur la situation et les perspectives des finances publiques*, juin 2010, pp. 87-88, 90, 93, http ://www.ccomptes.fr.)

Annexe 2

Déficits publics et dettes publiques dans certains États de l'Union européenne

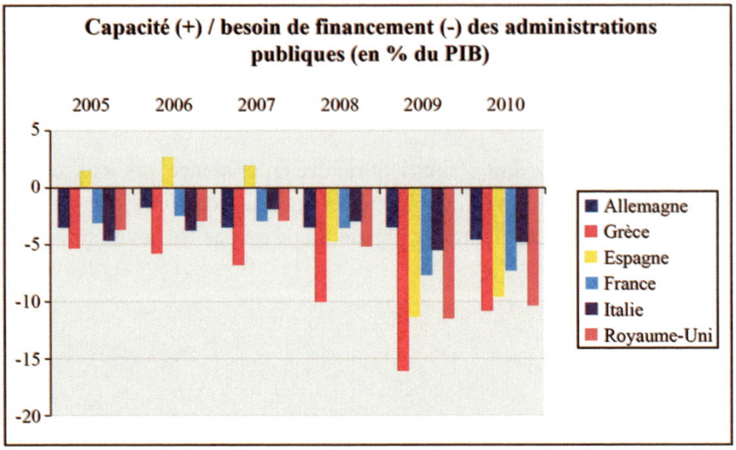

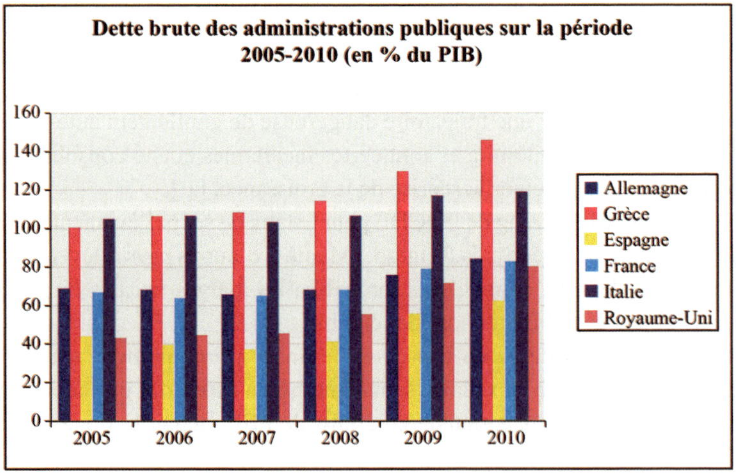

(Source : *Eurostat*.)

Annexe 3

Politique budgétaire et relance

Le président du comité de notation des États de S&P (agence de notation Standard and Poor's), John Chambers, a affirmé lors d'une conférence téléphonique que la réforme des retraites en 2010 était « une mesure intelligente » et le retrait de la politique de relance budgétaire « un exemple de politique budgétaire bien conçue ».

« Même si cela ne se voit pas dans le déficit cette année et la prochaine, cela améliore notablement la solvabilité de l'État dans le temps », a estimé John Chambers. « C'est une mesure budgétaire qui a renforcé la confiance des marchés en la capacité des responsables politiques à prendre des mesures par anticipation pour s'attaquer aux problèmes de viabilité à moyen terme des finances publiques », a-t-il ajouté. Même si cela ne se voit pas dans le budget dans l'immédiat, l'allongement de deux ans de la durée du travail a « notablement amélioré » les perspectives à long terme de la dette publique, a estimé M. Chambers.

« C'est vrai que les Français ont apporté un soutien budgétaire de relance il y a quelques années. Mais ils ont retiré [...] cette relance », a poursuivi le directeur de la notation des États de S&P, David Beers. « Ils l'ont fait avec une combinaison de mesures sur les recettes, essentiellement en supprimant diverses niches fiscales, et également de mesures sur les dépenses. Donc, de fait, ils ont commencé le rééquilibrage budgétaire l'année dernière », a-t-il expliqué.

(Source : *L'Expansion.com*, 08/08/2011.)

Annexe 4

Ventilation de la dépense publique par fonction (France, 2009)

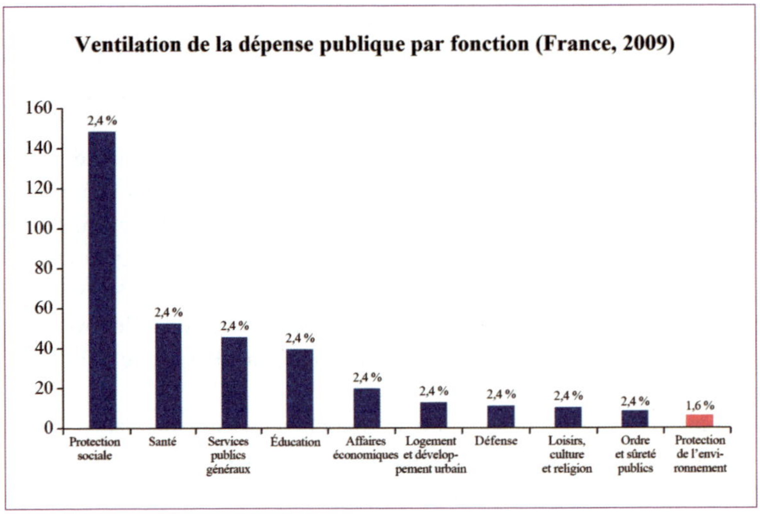

(Source : Rapport sur la dépense publique et son évolution, www.performance-publique.budget.gouv.fr.)

1 Le déficit public fait référence à un niveau de dépenses de l'État, des collectivités locales et de la Sécurité sociale supérieur à celui des recettes publiques sur une année donnée. Afin de financer ce déficit, il est nécessaire de recourir à l'emprunt. La dette publique représente le cumul d'année en année des emprunts permettant de faire face aux déficits publics annuels. Le déficit public est donc un flux qui vient alimenter le stock que constitue la dette publique. En 2013, le déficit public s'est élevé à 4,3 % du PIB et la dette publique à 93,5 % du PIB.

2 À l'aide des différents documents, il est aisé de constater que l'ensemble des pays de la zone euro mais également le Royaume-Uni ont subi le même phénomène : une augmentation significative de leur dette publique et de leur déficit public sur la période 2005-2010. Pour chacun, la situation est difficile et il semble de plus en plus impossible de maintenir les niveaux exigés par les critères de convergences en ce qui concerne les pays de la zone euro. Ainsi, la limitation de la dette des administrations publiques à 60 % du PIB ou celle de 3 % du PIB concernant les déficits publics ne sont plus respectées par l'ensemble des pays.

Toutefois, si le résultat est le même, les pays n'ont pas suivi le même schéma. L'Italie et la Grèce sont deux pays fortement endettés depuis 2005 et leur situation est déclinante. L'Espagne, quant à elle, était excédentaire en 2005. C'est à partir de 2008 que la situation s'est fortement aggravée pour ce pays, le plaçant systématiquement dans le trio des pays les plus endettés. Paradoxalement, à la même époque, cette nation présente le déficit public le plus faible sur l'ensemble des pays européens. La France, quant à elle, a suivi la même évolution, mais brutalement. Sa dette publique et son déficit ont évolué de manière régulière.

Par ailleurs, il est possible d'identifier l'année 2009 comme étant le point d'aggravation de la crise et, corrélativement, du creusement des dettes et déficits publics des nations.

3 Selon la Cour des comptes, la France dispose de deux moyens d'action afin de réduire son déficit. D'une part, la réduction des dépenses publiques. D'autre part, la hausse des prélèvements obligatoires, mais de manière ciblée et juste afin de ne pas pénaliser la consommation et la relance économique. Ce dernier constat est d'autant plus sérieux que la France est un pays avec un taux de prélèvement d'impôts important. C'est pourquoi, dans son rapport, la Cour des comptes insiste davantage sur l'intérêt de la France à réduire, en premier lieu, ses dépenses publiques.

Enfin, notons que certaines mesures de politiques économiques, dont l'allongement de l'âge de départ à la retraite de deux ans, peuvent aider à réduire le déficit de la Sécurité sociale grâce aux cotisations supplémentaires qui seraient accumulées.

4 En 2013, le déficit public français s'établissait à 4,3 % du PIB contre 4,9 % en 2012. L'objectif du gouvernement est de le ramener, d'ici à 2015, à 3 %. De telles ambitions sont communes à l'ensemble des pays. En effet, la situation économique mondiale est telle que chaque nation n'a de cesse de vouloir juguler ses déficits.

Toutefois, certains économistes restent prudents et pensent qu'il n'est pas toujours favorable de précipiter les mesures en vue de réduire le solde négatif résultant des ressources et des dépenses engagées par l'État. Dans cette optique, nous nous demanderons si la France a réellement intérêt à réduire ses déficits publics. Dans une première partie, nous démontrerons que la mise en œuvre d'une politique de réduction des déficits publics est nécessaire eu égard à la conjoncture. Mais, dans une seconde partie, nous prouverons qu'elle comporte de forts risques.

I. La nécessité d'une politique de réduction des déficits publics au regard de la conjoncture

Depuis 2005, les déficits publics de la France n'ont cessé de se creuser, sortant notre pays des critères de convergences de Maastricht exigés pour l'ensemble de la zone euro. En effet, en 2010, ils représentent 6 % du PIB, alors qu'ils ne devraient pas dépasser 3 %. Afin de réduire ce phénomène, l'État use de la dette publique, l'augmentant de la même manière. En effet, les deux phénomènes restent intimement liés, car pour réduire ses déficits, l'État va avoir recours à l'emprunt, augmentant de fait sa dette publique. Pour cette même année 2010, la dette publique représente 80 % du PIB. Or, un pays trop fortement endetté se trouve dans une situation économique malsaine, dont il est difficile de ressortir. Dans ce cas, les déficits alimentent la dette qui est elle-même augmentée afin de réduire les déficits générés par les intérêts d'emprunt à rembourser. Il s'agit donc d'un cercle vicieux, dans lequel l'emprunt ne joue pas son rôle de levier économique d'investisseur. Par conséquent, c'est l'ensemble de l'économie du pays qui est touchée. Il devient impossible de relancer des programmes d'investissements ou de relance de la croissance.

Par ailleurs, si du fait de l'augmentation de la dette et des remboursements des intérêts liés, la France connaît une période de récession, alors les pays avec lesquels elle commerce seront également concernés. Actuellement, le pays illustrant le mieux cette situation est la Grèce. En effet, cette dernière a vu ses déficits s'accroître plus vite que les autres pays, elle a donc eu recours à l'emprunt, ce qui a engendré une hausse des taux d'intérêt. L'économie de la Grèce s'est trouvée asphyxiée, car elle n'était plus dans la mesure de faire « autre chose » que de rembourser ces taux d'intérêts. C'est pourquoi, dans la zone commerciale de l'Europe, les pays n'ont aucun intérêt à voir l'un de leurs partenaires décliner. La France, comme les autres, doit maintenir un certain niveau économique afin de ne pas contaminer les économies voisines.

II. Les risques demeurent importants

La réduction des dépenses publiques peut occasionner une moindre couverture des risques sociaux. Il apparaît que les dépenses de protection sociale et de santé représentent plus de 55 % des dépenses totales (annexe 4). Or, ces postes budgétaires sont contraints. Ainsi, l'augmentation de l'âge du départ à la retraite peut déboucher sur une dégradation du niveau de « bien-vivre » de la population. Une certaine partie

de la population active peut développer davantage de maladies liées à l'âge et multiplier les arrêts de travail, ce qui a un coût pour la société. De la même manière, la réduction des dépenses publiques peut se traduire par une volonté de l'État de réduire la couverture des risques sociaux. Dans ce cas, une partie de la population peut être mise en marge de l'accès aux soins. Les inégalités relatives aux revenus vont se creuser. Le niveau d'espérance de vie peut se trouver affecté. L'IDH (Indicateur de développement humain) ne doit donc pas être tenu à l'écart de la mise en œuvre d'une politique de lutte contre les déficits publics. Enfin, l'indemnisation croissante des chômeurs en raison de la crise économique va entraîner de nouvelles dépenses difficilement contrôlables.
D'autres risques, d'ordre économique, peuvent surgir. Ainsi, si l'État emprunte de manière exagérée sur les marchés financiers, les entreprises disposent de moins de capacités d'emprunt, les capitaux n'étant plus disponibles. Par conséquent, la production de ces agents économiques est pénalisée, les obligeant, si nécessaire, à réduire leurs effectifs afin de réduire leurs coûts face à la faiblesse de leur offre et, par la suite, la faiblesse de la demande. Enfin, la Cour des comptes suggère d'augmenter les prélèvements obligatoires, mais cela peut se faire au détriment de la croissance. En effet, les ménages acculés sous le poids des impôts vont réduire leur consommation. L'affaiblissement de la demande va obliger les entreprises à ajuster leur production et si nécessaire à réduire leurs effectifs. Par conséquent, les risques ici invoqués sont grands. De ce fait, une augmentation des prélèvements obligatoires peut entraîner : une baisse de la consommation, une hausse du chômage, une baisse de l'activité économique, voire une récession. Cette mesure prise sur les entreprises aurait des effets similaires. À n'en pas douter, si ces agents économiques doivent davantage payer d'impôts, leur effort à l'embauche sera moindre.

Au regard de la situation économique mondiale et des critères de convergence européens, la France a tout intérêt à réduire ses déficits publics. Par ailleurs, l'interdépendance des échanges commerciaux l'impose, car une nation dont l'économie périclite met les autres en danger. Toutefois, les risques sont importants. Les mesures radicales ont souvent pour effet de faire courir des risques économiques et sociaux creusant de plus en plus les inégalités préexistantes entre les ménages. Il convient donc, pour le gouvernement, de trouver le juste équilibre entre réduction des déficits publics et minimisation des risques courus.

Sujet national, juin 2014

Questions

À partir de vos connaissances et de la documentation fournie en annexe :

1 Décrivez l'évolution récente du taux de la croissance économique en France.

La question 1 vise à analyser l'évolution du taux de croissance annuel du PIB de la France. L'annexe 1 vous fournit les données nécessaires pour la période 2003-2012.

Les notions de « taux de croissance du PIB » et de « produit intérieur brut » utiles pour cette question ont été étudiées dans le thème 2 : « Comment se crée et se répartit la richesse ? ». Pour l'ensemble du sujet, nous nous appuierons également sur le thème 7 : « Le chômage résulte-t-il de dysfonctionnements sur le marché du travail ? ».

Pour rappel, le PIB évalue la richesse produite par une nation. Le taux de croissance est le principal critère pour mesurer le dynamisme économique d'un pays. Toutefois, cet indicateur reste imparfait et présente de nombreuses limites.

Méthodologiquement, vous devez débuter par la tendance globale du graphique. Ici, vous pouvez observer que l'évolution du taux français se rapproche considérablement de celle du taux de l'Union européenne. Vous remarquerez éventuellement que le taux de croissance global de la France paraît bien faible face à celui des pays en développement et des BRICS [1] en particulier.

Vous devez éviter absolument une liste descriptive sous forme de catalogue. Faites des phrases courtes et ne mêlez pas les données dans une phrase interminable et confuse. Essayez de donner du sens à votre réponse et utilisez le vocabulaire économique approprié.

2 Déterminez, à l'aide d'exemples, si le coût horaire de la main-d'œuvre est la seule explication du taux de chômage des pays européens.

Cette question vise à évaluer votre capacité à croiser des données issues de plusieurs documents (annexes 3 et 4).

Vous devez vous concentrer sur les notions de coût du travail et de chômage. Comme vous avez lu toutes les questions avant de répondre au sujet, vous savez que les causes du chômage vous seront demandées à la question suivante...

Dans l'annexe 3, vous pouvez découvrir les taux de chômage de plusieurs pays voisins et assez proches économiquement de la France.

Dans l'annexe 4, on vous propose un état des coûts de la main-d'œuvre de plusieurs pays européens, dont ceux que vous aviez repérés dans l'annexe 3 (Grèce, Espagne, Italie, Allemagne et France).

Nous allons utiliser ces données pour rappeler que la compétitivité d'un pays, et finalement le niveau de l'emploi, n'est pas seulement la résultante du coût du travail.

1. Brésil, Russie, Inde, Chine, Afrique du Sud.

3 Recherchez les principales causes du chômage dans les pays européens.

Dans une sous-partie du thème 7, appelée « Les explications principales du chômage », vous avez étudié les causes du chômage.

Il convient de citer les éléments à votre disposition dans les documents (notamment dans les annexes 3 et 4), tout en enrichissant votre réponse de vos connaissances scolaires et personnelles.

4 Rédigez une argumentation qui vous permette de répondre à la question suivante : **« Un niveau élevé de chômage peut-il s'expliquer par une faible croissance ? »**

Pour répondre à cette problématique, prenons un peu de recul par rapport à l'ensemble du travail déjà réalisé.

La question 2 vous a permis de souligner le lien entre chômage et coût du travail. Ce premier point vous invite à réaliser qu'une faible croissance (cause du chômage évoquée dans le sujet de la question) n'est pas l'unique cause du chômage.

La question 3 vous a donné l'occasion de lister les autres facteurs destructeurs d'emplois. Comme la faible croissance et le coût du travail, elles seront à développer dans cette argumentation structurée.

Pour cette dernière question, il est primordial d'argumenter. Concrètement, vous devez écrire une idée valable, la préciser et éventuellement fournir un exemple. Seul le respect de ces consignes vous permettra d'obtenir des points à cette question.

Il vous est également demandé de fournir une définition des mots-clés du sujet. Vous les inscrirez en introduction, au début de votre réponse, afin de réfléchir au sujet et de prouver votre sérieux au correcteur.

Il n'y a pas un nombre standard d'arguments attendus. Essayez de développer chacune de vos idées. En outre, faire deux parties est préférable, mais absolument pas obligatoire. Le candidat peut se positionner sur un seul axe s'il le souhaite.

Notons qu'une bonne argumentation est une argumentation correctement exprimée, fondée sur des savoirs disciplinaires qui se suivent de manière logique.

Annexes

Annexe 1

Taux de croissance annuel du PIB réel en volume pour la France et l'Union européenne

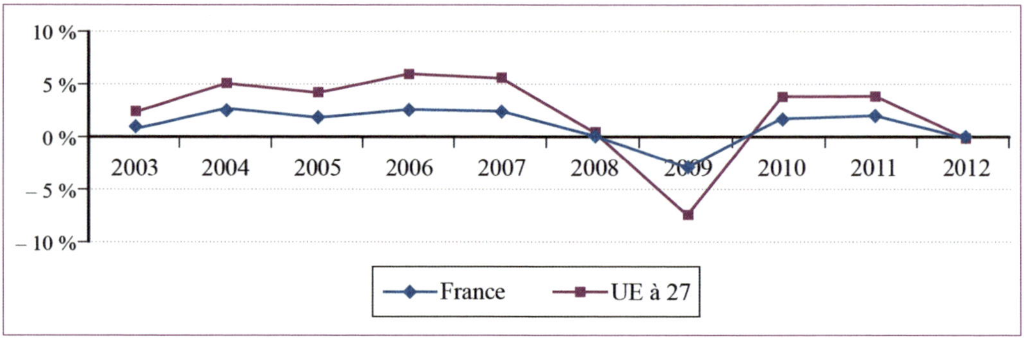

Annexe 2

Évolution du taux de chômage au sens du BIT en France

	2003	2004	2005	2006	2007	2008	2009	2010	2011	2012
Taux de chômage (en %)	8,5	8,9	8,9	8,8	8,0	7,4	9,1	9,3	9,2	9,8

(Insee, enquête emploi 2012.)

Annexe 3

Taux de chômage et caractéristiques du chômage dans les pays de l'OCDE

Le chômage devrait rester élevé dans les pays de l'OCDE en 2014, notamment chez les jeunes et les travailleurs peu qualifiés

D'après les [perspectives], les taux de chômage ne devraient reculer que légèrement au cours des 18 prochains mois, passant de 8,0 % en mai 2013 à 7,8 % fin 2014, ce qui représente environ 48 millions de chômeurs dans les 34 pays membres de l'OCDE.

Le rapport met en évidence des écarts importants et croissants entre les pays. [...] En Allemagne, le taux de chômage devrait diminuer de 5,3 % à moins de 5 % [fin 2014]. Mais dans le reste de l'Europe, il restera stable, voire augmentera dans de nombreux

pays. D'ici à fin 2014, le chômage devrait tout juste dépasser les 11 % en France, être d'environ 12,5 % en Italie, et s'approcher des 28 % en Espagne et en Grèce.
La crise ne touche pas tout le monde de la même façon, selon le rapport :
– Dans de nombreux pays de l'OCDE, les pertes d'emploi et de revenus concernent plus souvent les ménages modestes et peu qualifiés que ceux à hauts revenus et hautes qualifications. Dans les grandes économies émergentes, l'emploi a été moins affecté par la crise mais de nombreux travailleurs restent piégés dans des emplois précaires et faiblement rémunérés, avec une protection sociale faible.
– Le taux de chômage des jeunes se situe toujours à des niveaux sans précédent dans de nombreux pays : il dépasse 60 % en Grèce, [...] 55 % en Espagne et 40 % environ en Italie et au Portugal.
– Les personnes en contrat précaire et de courte durée, en particulier les jeunes et les travailleurs peu qualifiés, ont souvent été les premiers à être licenciés lorsque la crise a débuté et ont depuis de sérieuses difficultés à retrouver un emploi.
– Les travailleurs plus âgés s'en sortent mieux pendant la crise, puisque leur taux d'emploi augmente ou ne baisse que légèrement. Ils sont nombreux à partir plus tardivement à la retraite pour de multiples raisons, notamment un meilleur état de santé, la fin des plans de préretraite, mais aussi pour des motifs financiers.

(*Perspectives de l'emploi de l'OCDE*, 2013.)

Annexe 4

Coûts horaires de la main-d'œuvre en 2008

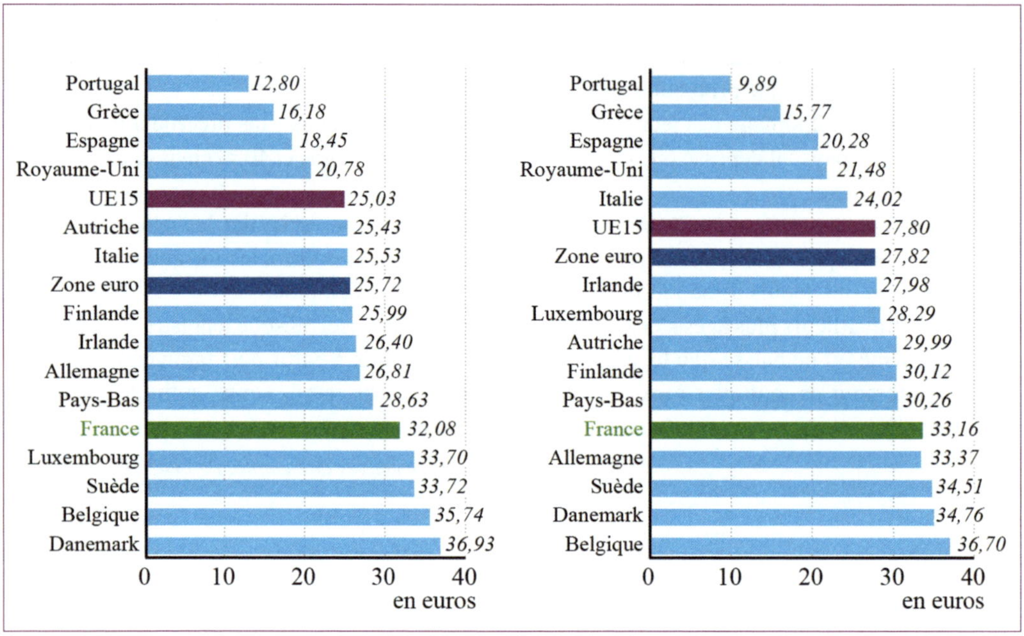

Eurostat, enquête européenne sur le coût de la main-d'œuvre, 2008.

Champs : entreprises de 10 salariés et plus, industrie manufacturière et services marchands, apprentis exclus.

1 La croissance française connaît la même tendance que celle de l'Union européenne, tout en restant globalement inférieure. Le taux de croissance du PIB français est d'ailleurs assez fragile sur l'ensemble de la période 2003-2012.
Ce taux de croissance se situe entre + 1 % et + 2 % jusqu'en 2007, avant une baisse significative de 5 points entre 2007 et 2009. Il s'agit, pendant cette dernière période, d'une phase de récession due à la crise économique et financière mondiale. La croissance française redevient positive à partir de 2010, sans toutefois accélérer aussi vite que celle de ses voisins de l'Union européenne. À partir de 2011, le taux de croissance subit un nouveau ralentissement pour finalement être nul en 2012.

2 En France, le coût du travail est relativement élevé (entre 32 € de l'heure dans l'industrie et 33 € de l'heure dans les services pour l'année 2008) et nous avons l'habitude d'entendre que celui-ci est une cause essentielle du chômage. C'est pour cela que les différents gouvernements qui se sont succédé ont régulièrement inscrit la baisse des charges sociales dans leur action. Toutefois, le taux de chômage devrait atteindre environ 11 % en 2014, ce qui tend à indiquer que ces efforts ne suffisent pas.
En Grèce, le coût du travail est d'environ 16 € de l'heure, alors que le taux de chômage pourrait atteindre 28 % en 2014. En Espagne, le coût du travail s'établit entre 18,45 € et 20,28 €, alors que le taux de chômage pourrait avoisiner également les 28 % en 2014. De l'étude de la situation de ces deux pays, nous pouvons déduire qu'un coût du travail plus bas, et même deux fois moindre qu'en France, ne suffit pas à faire baisser le chômage dans certains cas.
En outre, en Allemagne, le coût du travail dans l'industrie est supérieur à celui de la France. Cela n'empêche pas l'Allemagne de réussir dans le domaine industriel, notamment à l'exportation [2].
Nous pouvons constater, à partir de ces exemples, que le coût du travail est un facteur d'explication du chômage, mais qu'il n'est pas le seul. Un pays comme l'Allemagne prouve que la compétitivité d'un pays peut aussi être liée à sa stratégie industrielle ou à la qualité de sa production.

3 Premièrement, il existe un chômage dit « conjoncturel » qui est lié à l'activité économique. Plus la demande globale ralentit, comme depuis la crise économique de 2008, et plus le taux de chômage est élevé.
Ensuite, il existe un chômage non lié à l'activité. C'est le chômage structurel. L'inadéquation des qualifications des salariés en recherche d'emploi avec les besoins des entreprises est un élément de ce chômage structurel. L'importance du coût du travail, et notamment des charges sociales, entraîne une baisse de la compétitivité des entreprises françaises, qui préfèrent ainsi, pour certaines d'entre elles, délocaliser leurs productions. Enfin, la flexibilité insuffisante du marché du travail est source de chômage. Parfois, ce dernier découle de la rigidité du Code du travail et

2. L'Allemagne était, en 2013, le troisième pays exportateur mondial en volume.

de la réglementation, notamment celle liée au temps de travail et au Smic, qui est un frein à l'emploi pour les économistes libéraux.

4 Le taux de chômage en France, qui permet de mesurer le pourcentage de chômeurs dans la population active, devrait atteindre fin 2014 le chiffre inquiétant de 11 %. Ce taux est de 3 points supérieur à la moyenne des pays de l'OCDE (Cf. annexe 3). Pourtant, six ans après la crise financière, certains pays comme l'Allemagne ou les États-Unis présentent des taux de chômage nettement inférieurs, voire en baisse. Alors, un niveau élevé de chômage peut-il seulement s'expliquer par une faible croissance ?
Pour répondre à cette question, définissons les notions de « chômage » et de « croissance ». Au sens du BIT (Bureau international du travail), un chômeur est une personne en âge de travailler (15 ans ou plus), sans emploi, disponible et recherchant activement un emploi. La croissance représente la richesse dégagée par un pays au cours d'une année donnée. Elle est mesurée par le PIB, qui constitue un indicateur important de l'activité économique de la nation.

I. L'insuffisance de la croissance est source de chômage conjoncturel
Le taux de chômage en France a augmenté fortement depuis la crise de 2008 et l'on observe que ce phénomène est récurrent en période de récession économique. Visiblement, le niveau élevé du chômage prend ses racines, au moins en partie, dans la faiblesse de la croissance française.
En effet, le ralentissement du taux de croissance du PIB depuis 2008, que nous nommons « crise », a pour conséquence de limiter les créations d'emplois, voire de les réduire. En période de ralentissement économique, les entreprises ne produisent pas assez pour avoir besoin d'employer tous leurs salariés. Cette insuffisance de la production vient d'une baisse de la demande des ménages et des autres entreprises, qui annule ou repousse consommation et investissement.
Cette diminution des commandes va avoir, dans un premier temps, un impact sur les intérimaires (CTT) et les contrats de courte durée (CDD, contrats aidés...), qui ne seront pas renouvelés (Cf. annexe 3). Si les perspectives d'une relance de l'activité continuent d'être négatives à long terme, rapidement, tous les types de salariés sont touchés.

II. Les autres causes du chômage : le chômage structurel
Bien sûr, un ralentissement de la croissance économique ou une véritable récession ont un effet négatif sur l'emploi. Toutefois, une croissance de 3 % en France, si elle permettrait probablement de faire baisser le chômage jusqu'à 8,5 % ou 8 % – à savoir le niveau de chômage structurel en dessous duquel notre pays n'arrive pas à passer (sauf légèrement et brièvement en 2007) – ne suffirait pas à se rapprocher des taux de l'Allemagne (Cf. annexe 3), par exemple.
Il existe donc d'autres origines du chômage de masse en France. Le coût du tra-

vail, qui dépend du montant des salaires et des cotisations sociales, est un élément à prendre en considération. Pendant longtemps, la France a compensé des salaires élevés par une productivité parmi les plus fortes au monde. Mais aujourd'hui, la productivité stagne et les produits français sont moins compétitifs au niveau mondial, notamment en raison du coût du travail et de l'existence d'un Smic élevé, comparé à de nombreux pays. Pour les économistes libéraux, lorsque le coût du travail est élevé, les entreprises sont réticentes à embaucher ; en revanche, les offreurs de travail (salariés) sont nombreux à vouloir travailler, ce qui est générateur de chômage. Pour les mêmes libéraux, la France possède une législation trop protectrice de l'emploi, qui peut peser sur les embauches. Les règles encadrant le licenciement ou la rigidité des contrats de travail peuvent aboutir, parfois, à freiner l'embauche, par crainte des difficultés à licencier en cas de retournement conjoncturel ou de l'échec d'un projet économique.

Le chômage structurel peut également trouver ses racines du côté de la difficile mobilité professionnelle. Les travailleurs passent parfois difficilement d'un emploi à un autre, compte tenu de facteurs comme une formation inadaptée aux besoins de l'économie ou des coûts de mobilité géographique trop élevés. La recherche d'un emploi nécessite donc un temps incompressible pendant lequel ils seront comptabilisés comme chômeurs. L'industrie française semble avoir du mal, par rapport à sa voisine allemande, à s'adapter aux nouvelles exigences de compétitivité.

Concluons en soulignant l'impact réel d'une faible croissance sur le niveau de l'emploi, comme nous pouvons l'observer actuellement. Toutefois, il semble clair que la France voit la baisse de son chômage freinée par des causes durables et structurelles. Le chômage français est donc non seulement lié à la conjoncture mais également à des phénomènes de flexibilité insuffisante du marché du travail ou de formation des salariés inadaptée aux nécessités des employeurs.

Inde, avril 2014

Questions

À partir de vos connaissances et de la documentation fournie en annexe :

1 Distinguez emplois typiques et emplois atypiques.

La question 1 porte sur les notions d'emplois typiques et atypiques. Elles ont été étudiées dans le thème 7 : « Le chômage résulte-t-il de dysfonctionnements sur le marché du travail ? ».

Vous devez distinguer les types d'emplois selon leur niveau de précarité. Vous devrez vous appuyer sur vos connaissances et principalement sur l'annexe 4 : « Les contrats précaires en Europe ». Ce document vous oriente sur la réponse à donner. Il explique que les « contrats de travail dits atypiques ont proliféré [...] » ; il fait également la démonstration de la précarité de ce type de contrats. Enfin, il vous donne quelques exemples de contrats précaires.

Notons que cette question ne nécessite pas de votre part un développement de chacune des spécificités des différents contrats de travail.

2 Présentez les caractéristiques des populations touchées par le chômage en France en 2013.

Cette question vise à évaluer vos compétences méthodologiques dans l'interprétation des données économiques.

Vous devez ainsi analyser le tableau du document 1 portant sur le taux de chômage en France au deuxième trimestre 2013. Le taux de chômage, dans ce tableau, est calculé au sens du Bureau international du travail (BIT). Il correspond donc au nombre de chômeurs en âge de travailler (15 ans ou plus) qui n'ont pas travaillé, ne serait-ce qu'une heure, au cours de la semaine de référence, qui sont disponibles et recherchent activement un emploi.

Le tableau (annexe 1) prend en compte le sexe et l'âge des sans-emploi. Il vous permet ainsi de voir, pour le deuxième trimestre 2013, les catégories les plus touchées par ce phénomène.

Dans un premier temps, vous devez constater la tendance générale de ce tableau. Celle-ci présente le caractère d'un chômage de masse. Ensuite, vous évoquerez les différentes sous- tendances en les analysant. Une simple description n'est pas suffisante, vous devez argumenter à l'aide des chiffres.

Les annexes 2 et 5 vont vous permettre d'affiner votre réponse. L'annexe 2 vous donne des indications sur le niveau de risque d'être touché par le chômage en fonction de votre qualification et de vos diplômes.

L'annexe 5 va nuancer l'optimisme de l'annexe 1 quant au chômage des seniors. En effet, si les seniors sont moins confrontés au chômage que les autres catégories de la population, on apprend que la sortie du chômage leur est très difficile. Ils sont donc victimes d'un chômage de longue durée lorsqu'ils sont touchés.

3 Démontrez, à l'aide d'exemples, que le chômage n'est pas la seule source de précarité sur le marché du travail.

Cette question vise à vous faire réfléchir aux conséquences de l'utilisation des contrats atypiques étudiés dans la première sous-question. Vous avez expliqué que les contrats dits « précaires » étaient tous les contrats de travail, sauf le CDI à temps complet. Dans cette nouvelle sous-question, vous devez insister, à l'aide de plusieurs exemples, sur les effets pervers de ces contrats pour les salariés.

L'annexe 4 vous permet d'appréhender les difficultés que peuvent rencontrer des individus qui sont concernés par ce type de contrats, utilisés pour offrir aux employeurs plus de flexibilité. Le document évoque le « contrat zéro heure » des Britanniques. Dans ce cadre, les employés sont disponibles 24 heures sur 24 et sept jours sur sept, sans garantie de minimum horaire et donc de salaire. Cet exemple permet de concevoir la difficulté pour un salarié de souscrire à un emprunt pour acheter une maison, de prévoir un budget pour le mois, voire de s'organiser s'il a une famille.

4 Rédigez une argumentation qui permette de répondre à la question suivante : « **Le marché du travail français doit-il gagner en flexibilité ?** »

Vous devez rédiger une réponse organisée à partir de vos connaissances, tout en vous appuyant sur la base documentaire proposée dans le sujet. Dans ces conditions, il convient de définir le sujet, de mobiliser vos acquis et de préparer le plan de votre réponse.

La réponse à cette problématique implique la mobilisation de vos connaissances, la compréhension et l'utilisation des réponses aux questions précédentes ainsi qu'une utilisation de la documentation fournie avec le sujet.

Cette question porte sur le marché du travail et les conséquences de sa rigidité ou de sa flexibilité. Évidemment, les notions de « chômage » et de « précarité » vont être évoquées dans les effets mentionnés. Toutes ces notions ont été étudiées dans le thème 7 : « Le chômage résulte-t-il de dysfonctionnements sur le marché du travail ? ».

Les questions 1 et 3 ont souligné l'existence des contrats précaires et leurs effets néfastes pour leurs détenteurs d'un point de vue économique et social. Vous vous appuierez sur vos réponses pour développer les effets négatifs de la flexibilité.

La question 2 vous a rappelé le haut niveau de chômage en France. Cette situation de l'emploi semble, du point de vue des chefs d'entreprise, nécessiter un plus haut niveau de flexibilité du marché du travail. Ce sera le sujet de l'autre axe de votre argumentation.

Votre réponse, dont il est exigé qu'elle soit « organisée », doit comporter une courte introduction. Elle comprendra, au minimum, une phrase d'accroche et la présentation de la question posée. Vous pouvez également définir la notion de flexibilité, qui n'a pas encore été traitée dans le sujet.

Vous répondrez au sujet à partir de deux axes de réflexion :

- la flexibilité permet de réduire les rigidités du marché du travail et ainsi de réduire le niveau de chômage ;
- la flexibilité aggrave la précarité et les inégalités sur le marché du travail.

Une conclusion n'est pas exigée. Toutefois, vous pouvez, d'une simple phrase, répondre à la question posée.
L'ensemble de la réponse doit clairement mettre en évidence vos arguments. À l'intérieur de chaque axe, vous pouvez organiser votre travail en retournant à la ligne pour chaque nouvelle idée. Ainsi, chaque paragraphe correspondra à une de vos idées, expliquée et illustrée convenablement.

Annexes

Annexe 1

Taux de chômage en France (année 2013)

	Femmes	**Hommes**	**Ensemble**
Champ : France métropolitaine, deuxième trimestre 2013 (données provisoires) Chômage au sens du Bureau international du travail.			
Taux de chômage (en %)			
Ensemble	10,5	10,4	10,5
15-24 ans	26,1	23,4	24,6
25-49 ans	9,7	9,4	9,6
50 ans ou plus	7,3	7,8	7,5

(Source : *INSEE, enquête emploi principaux indicateurs,* 5 septembre 2013.)

Annexe 2

L'éducation devient plus précieuse en période de crise

L'écart en termes d'emploi entre les jeunes qui ont un bon niveau d'instruction et ceux qui ont abandonné tôt leurs études n'a cessé de se creuser pendant la crise. Une bonne instruction est le meilleur contrepoids au manque d'expérience professionnelle, selon la dernière édition du rapport annuel « Regards sur l'éducation » de l'OCDE.
Le taux de chômage des personnes qui n'ont pas achevé le deuxième cycle de l'enseignement secondaire est près de trois fois plus élevé (13 % en moyenne dans les pays de l'OCDE) que celui des diplômés du supérieur (5 %). Entre 2008 et 2011, le taux de chômage des travailleurs peu qualifiés a progressé de 4 % environ, contre une hausse de 1,5 % seulement pour les individus hautement qualifiés.
L'édition 2013 de « Regards sur l'éducation » réaffirme à quel point les qualifications professionnelles offrent une voie d'accès efficace à l'emploi : dans les pays où la part

des diplômés de l'enseignement professionnel est plus élevée que la moyenne (32 %), comme l'Allemagne, l'Autriche, le Luxembourg ou la Suisse, le chômage des 25-34 ans titulaires d'un diplôme professionnel a nettement moins augmenté par rapport à celui de leurs homologues diplômés de la filière générale du deuxième cycle du secondaire, voire a diminué.

(Source : *rapport de l'OCDE sur l'éducation*, publié le 25 juin 2013.)

Annexe 3

Le temps partiel subi en France

27 % des personnes en temps partiel souhaiteraient travailler plus. Ce sont essentiellement des femmes, mais aussi plus de 40 % de jeunes, 37 % d'ouvriers contre 15 % de cadres supérieurs. Pour les jeunes, l'intégration dans l'emploi via le temps partiel est très souvent un [moindre mal] : plus de 40 % des 15-29 ans en temps partiel souhaiteraient travailler davantage. [...] Ces données minimisent la situation. Une partie des salariés ne déclarent pas souhaiter travailler plus car ils intègrent le fait que cette probabilité est très faible ou par exemple qu'ils (et surtout « elles ») ne disposent pas de solution pour faire garder leurs jeunes enfants à un prix abordable. Dans un contexte plus favorable, rien ne dit qu'ils ne souhaiteraient pas accroître leur temps de travail.

(Source : *Observatoire des inégalités,* 15 mai 2013.)

Annexe 4

Les contrats précaires en Europe

En Angleterre, ils seraient plus d'un million, selon un sondage réalisé par une organisation de professionnels des ressources humaines, à être employés dans le cadre d'un « contrat zéro heure ». La particularité de ce type de contrat de travail britannique : il ne garantit ni temps de travail ni salaire minimum, et le salarié peut être prévenu la veille de sa journée de travail du lendemain. [...] Le marché de l'emploi britannique se caractérise par une flexibilité extrême, mais les contrats de travail dits atypiques ont proliféré dans toute l'Europe. [...] Quant à l'avantage de la France, qui comptait avant la crise moins de CDD et de contrats à temps partiel que ses voisins, « il s'est effacé », souligne une étude du centre d'études de l'emploi publiée en début d'année dans l'ouvrage collectif, *L'Emploi en temps de crise*. Aujourd'hui, plusieurs gouvernements européens cherchent à remédier à ces inconvénients : l'Espagne, l'Italie, le Portugal et, récemment la France cherchent à favoriser les embauches en CDI, en les subventionnant, en facilitant les licenciements ou en taxant plus lourdement les contrats courts.

(Source : www.lefigaro.fr, 9 août 2013.)

Annexe 5

La situation du chômage en France en juillet 2013

La France fait [...] face à un chômage durablement élevé et persistant : [...] le taux de chômage [...] pourrait atteindre 11,2 % fin 2014 selon les projections de l'OCDE [...].
Selon les Perspectives de l'emploi 2013 de l'OCDE, il faudrait que la France s'attaque à certains défis structurels qui continuent de persister sur le marché du travail.
[...] L'insertion professionnelle des jeunes, surtout s'ils sont non qualifiés, reste toujours difficile tout comme la sortie du chômage des seniors qui ont perdu leur emploi. [...] Les emplois d'avenir et les contrats de générations, dispositifs ciblés sur les jeunes et les seniors, sont une première avancée en ce sens mais appellent à des réformes plus structurelles permettant d'améliorer durablement les taux d'emploi à tous les âges.
La loi de 2013 sur la sécurisation de l'emploi va dans la bonne direction en créant des nouveaux outils de flexibilité qui devraient permettre une plus grande création d'emplois dans le moyen terme. Cependant, beaucoup reste à faire pour réellement réduire le dualisme du marché du travail en France. Les indicateurs de protection de l'emploi en 2011-12 [...] montrent que la France réglementait toujours strictement les contrats permanents et que le recrutement de travailleurs temporaires et la cessation de contrats à durée déterminée (CDD) représentaient la majeure partie des flux bruts de main-d'œuvre. Par exemple, en 2011, 78 % des recrutements et 71 % des cessations d'emploi correspondaient au début ou à la fin d'un contrat à durée déterminée (CDD) et ces pourcentages sont stables dans toutes les classes d'âge.

(Source : rapport de *l'OCDE : « Perspectives de l'emploi 2013 »*.)

1 Sur le marché du travail français coexistent deux types d'emplois : les emplois typiques et emplois atypiques.

Le contrat typique français est le contrat à durée indéterminée (CDI) à temps plein. C'est un contrat qui assure une certaine stabilité au salarié. Il représente plus de 70 % des emplois.

Les emplois atypiques sont précisément tous ceux qui ne correspondent pas à des contrats à durée indéterminée à temps plein : emplois à temps partiel, travail intérimaire, contrats de travail à durée déterminée, mais également l'apprentissage et les contrats aidés. On parle également de formes particulières d'emploi ou d'emplois précaires, car le salarié n'a pas un emploi stable. Les formes d'emplois précaires n'ont cessé d'augmenter depuis les années 1980, et la majorité des recrutements sont réalisés sous ces formes contractuelles (annexe 5).

Cette évolution de la structure des emplois répond au besoin croissant de flexibilité des entreprises, qui doivent s'adapter à un environnement de plus en plus instable et incertain.

2 Globalement, le nombre de chômeurs s'élève à plus de 3,3 millions (catégorie A) en septembre 2013, ce qui représente un taux de chômage de plus de 10,5 % environ (annexe 1).

Les jeunes (15 à 24 ans) sont particulièrement touchés par ce problème. Le taux de chômage de cette population atteint en effet 24,6 %, contre 9,6 % pour la population des 25-49 ans. C'est un phénomène généralisé à l'ensemble de l'Union européenne.

Les femmes sont également davantage touchées que les hommes, (sauf pour les populations de plus de 50 ans), en particulier chez les jeunes, où le taux de chômage des femmes est de 26,1 % contre 23,4 % pour les hommes.

Ce taux est également très élevé chez les non-diplômés, notamment les jeunes. De plus, entre 2008 et 2010, ce taux a progressé plus vite que pour les travailleurs « hautement qualifiés » (annexe 2). On constate donc que la crise a touché plus fortement les moins qualifiés que les autres.

Les seniors sont également touchés par le chômage. Toutefois, la moyenne de 7,5 %, contre 10,5 % pour l'ensemble de la population, peut sembler rassurante au premier abord. On observe cependant que cette classe d'âge rencontre des difficultés importantes à retrouver un emploi après un licenciement (annexe 5).

3 L'emploi précaire se caractérise par un statut juridique qui est souvent subi et se traduit par des difficultés économiques, mais aussi sociales et psychologiques. Car l'une des principales conséquences de la précarité dans l'emploi, c'est que celui qui la subit longtemps se trouve dans l'incapacité d'organiser sa vie, de se projeter avec un minimum de sérénité dans l'avenir.

Cette précarité va poser des problèmes d'accès au logement. Un locataire va difficilement rassurer un bailleur avec des CDD de petite durée. Un individu qui souhaite acheter son propre logement aura des conditions d'emprunt peu satisfaisantes si sa situation professionnelle n'est pas stable. Cette insécurité a souvent un impact direct sur le niveau de vie des individus et de leur famille. Le temps partiel subi par certaines catégories de salariés, et majoritairement par les femmes, ne permet pas d'avoir un salaire de subsistance. La succession de contrats précaires laisse parfois place à des périodes de chômage accompagnées de difficultés à boucler les fins de mois. En outre, les titulaires de contrats à durée déterminée ou les intérimaires ont d'autant plus de mal à défendre leurs droits qu'ils craignent de ne pas être reconduits.

4 Dans un monde du travail profondément touché par la crise économique, la flexibilité et l'adaptabilité des employés font partie des demandes récurrentes des employeurs.
Nous pouvons définir la « flexibilité du marché du travail » comme l'absence de contraintes juridiques ou de rigidités sur le marché du travail (conditions d'embauche et de licenciement, coût du travail, conditions d'utilisation de la main-d'œuvre) permettant de s'adapter aux évolutions de sa demande et de son environnement. Il convient alors de s'interroger sur les avantages des mesures qui viseraient à assouplir le marché du travail, mais également sur les conséquences en matière de précarité et d'inégalité au travail pour le salarié.

I. L'insuffisance de la croissance est source de chômage conjoncturel

En interne, la flexibilité peut consister en une amélioration de la polyvalence des salariés. L'aptitude du salarié, grâce à la formation, à réaliser des taches diverses va permettre de faciliter les changements de postes ou de projets. Ce développement des compétences peut contribuer à la compétitivité de l'entreprise.
Les entreprises peuvent s'adapter aux fluctuations de l'activité en modifiant leur organisation et en jouant sur le temps de travail de leurs salariés (annualisation, temps partiel ou comptes temps). En flexibilisant la quantité de travail, l'organisation va se mettre à l'abri de phénomènes comme le chômage technique.
L'une des rigidités du marché du travail est le Smic. Pour certains économistes libéraux, son existence perturbe le fonctionnement du marché et maintient un niveau élevé de chômage. Au-delà de ce minimum légal, une baisse temporaire des salaires peut permettre de sauvegarder l'emploi en cas de difficultés conjoncturelles. Ainsi, une entreprise en difficulté pourra préférer baisser les salaires plutôt que de supprimer des postes.
L'un des freins régulièrement évoqués par les employeurs, avec le coût du travail, est la rigidité du droit du travail. Un assouplissement de la législation protégeant l'emploi pourrait inciter les entreprises à embaucher, les aider à mieux s'adapter aux variations de la demande et à éviter les faillites, sources de chômage à long terme.

II. La flexibilité peut aggraver la précarité et les inégalités sur le marché du travail

Cet assouplissement de la législation du travail va avoir comme conséquence une réduction de la protection des salariés. Par exemple, une limitation de l'interven-

tion des juges en cas de licenciement va accroître le risque d'un développement du chômage. Par conséquent, ces mesures de flexibilisation doivent s'accompagner de dispositifs de compensation. On parle de « flexisécurité » pour évoquer le dispositif facilitant le licenciement pour les entreprises (volet flexibilité) et les indemnités longues et importantes des salariés licenciés (volet sécurité).
Ce mécanisme a pour effet d'inciter les employeurs à embaucher. Les PME n'hésiteraient pas en effet à embaucher pendant les périodes florissantes, car elles ne redouteraient pas l'épreuve des procédures de licenciement lorsque la conjoncture se retourne. En contrepartie, le salarié bénéficierait d'une généreuse indemnisation en cas de chômage et d'un maintien de ses droits, même s'il change d'entreprise ou s'il demeure sans emploi. Notons que ce système a un coût.
Nous constatons qu'une majorité de salariés sont en CDI à temps complet. Toutefois, certaines catégories de la population sont confrontées aux emplois précaires. Les jeunes, par exemple, sont particulièrement touchés. Cette situation est source d'inégalités sociales importantes. Difficile de s'installer dans la vie lorsque l'on cumule les contrats de courte durée, sans perspective à long terme. En outre, en cas d'aggravation de la situation économique, les premiers salariés touchés vont être les intérimaires, puis les contrats à durée déterminée.
Enfin, une trop grande flexibilité sans accompagnement par la formation professionnelle amène à une déqualification des salariés. La spécialisation permet d'améliorer la productivité et de rationaliser le processus productif. Elle est indispensable dès que le travail devient complexe ou lorsqu'il faut produire de manière massive. Ce mouvement vers la polyvalence des salariés peut donc parfois être nuisible à la compétitivité des entreprises.

Par conséquent, si la flexibilité peut permettre d'éviter les licenciements (annualisation du temps de travail, baisse des salaires en cas de crise...), elle a aussi comme vertu de rassurer les employeurs et donc de créer des embauches (assouplissement de la législation du travail). Toutefois, elle s'accompagne parfois d'effets pervers sur la situation économique et sociale des salariés. La précarité des salariés peut rendre difficile l'accès au logement, à l'emprunt et même être source de difficultés financières. L'ensemble de ces impacts sur la vie du salarié aura des répercussions sur la consommation et donc sur la croissance (production des entreprises).

Sujet zéro du ministère, février 2012

Questions

À partir de vos connaissances et de la documentation fournie en annexe :

1 Précisez l'opposition entre libre-échange et protectionnisme.

La question 1 porte sur la notion de libre-échange et sur les pratiques protectionnistes et leurs justifications. Elles ont été étudiées dans le thème 10 : « Une régulation des échanges internationaux est-elle nécessaire ? ».

Pour cette première sous-question, il ne s'agit pas seulement de définir les notions de libre-échange et de protectionnisme. Il faut également, voire essentiellement, mettre en avant les éléments qui opposent ces deux approches théoriques, ainsi que les politiques économiques divergentes qui en découlent.

2 Justifiez la place des droits de douane dans le libre-échange.

Les droits de douane (barrières tarifaires) sont un outil mis en place par une nation afin de protéger son marché contre la concurrence extérieure. Vous devez montrer l'intérêt de cet instrument du protectionnisme dans le cadre d'une concurrence mondiale.

Pour cela, vous devez vous appuyer sur les annexes 1 à 5 fournis avec le sujet. Les inconvénients liés à l'utilisation de droits de douane ne sont pas requis.

3 Exposez les risques du protectionnisme pour les pays émergents.

Vous devez utiliser les annexes 1, 3 et 5, mais également vos connaissances, afin de dégager les conséquences positives et négatives du libre-échange. Vous devrez vous concentrer sur les répercussions spécifiques aux pays en développement (Chine, Inde, Brésil...)

Du point de vue de la forme, nous vous conseillons de faire des paragraphes distincts pour chaque type de conséquences.

4 Rédigez une argumentation qui permette de répondre à la question suivante : **« Quel est l'intérêt de la régulation mondiale des échanges ? »**

La question analytique nécessite de votre part une réponse argumentée. Votre argumentation sera basée sur vos connaissances, la documentation fournie avec le sujet, mais aussi sur l'utilisation des réponses aux questions précédentes.

Cette question porte sur le libre-échange et le protectionnisme, mais également sur « l'Organisation mondiale du commerce (OMC) et ses missions ». Toutes ces notions ont été étudiées dans le thème 10 : « Une régulation des échanges internationaux est-elle nécessaire ? »

La question 1 vous a permis de réfléchir sur les notions de libre-échange et de protectionnisme, la question 2 a mis en évidence l'existence de droits de douane et ses justifications, et la question 3 a insisté sur les incidences de la pratique du libre-échange dans les pays en développement.

Votre réponse, dont il est exigé qu'elle soit « organisée », doit comporter une courte introduction, comprenant au minimum une phrase d'accroche et la présentation de la question posée.
Il semble opportun d'essayer de faire deux parties lors du développement de votre argumentation ; d'autant plus que le sujet s'y prête. Toutefois, ce point n'est pas obligatoire.
Nous vous conseillons également de faire un paragraphe par argument. En conséquence, à chaque fois que vous aurez développé une idée et l'aurez illustrée d'un exemple, retournez à la ligne. Pensez d'ailleurs à développer toutes vos idées. Évitez absolument de les mettre toutes dans une même phrase, sans explication et sans exemple.
Une conclusion n'est pas exigée. Toutefois, vous pouvez, d'une simple phrase, répondre à la question posée.

Annexes

Annexe 1

Protectionnisme ou libre-échange ?

Les importations [des pays du Sud] constituent l'autre dimension de l'ouverture. Elles peuvent favoriser le développement par la diffusion technologique et des produits meilleur marché. Mais elles peuvent également, si elles ne sont pas encadrées, fragiliser, voire détruire, des filières économiques entières, peu performantes au regard des standards internationaux. C'est le cas, aujourd'hui, du secteur avicole sénégalais, dévasté par les importations de volaille d'Europe.
Les pays pauvres doivent donc pouvoir protéger certains secteurs naissants ou vivriers. Les pays développés et émergents ont largement eu recours à cette stratégie. Ils doivent accepter une asymétrie au profit des pays pauvres, combinant protection graduée et exportations dynamiques. Un traitement spécial différencié existe déjà à l'Organisation mondiale du commerce (OMC), assurant aux pays les plus pauvres un accès complet aux marchés du Nord et reconnaissant leur droit à ne pas privilégier systématiquement la libéralisation.

(Source : *Alternatives économiques*, décembre 2006.)

Annexe 2

Les grandes entreprises redoutent le protectionnisme

La nouvelle a fait l'effet d'une douche froide au sommet des chefs d'entreprise réunis à Séoul en marge du G20 : les négociations sur l'accord de libre-échange entre les États-Unis et la Corée du Sud ont échoué. Cet échec vient confirmer les craintes des milieux

d'affaires sur le retour du protectionnisme, n'en déplaise aux chefs d'État et de gouvernement du G20. Jeudi, 120 patrons ont tiré la sonnette d'alarme en appelant les responsables politiques à relancer les discussions à l'OMC afin de conclure dès 2011 le cycle de Doha ensablé depuis plus de deux ans.
« Revitaliser le commerce mondial » est la priorité du « B20 », le sommet des chefs d'entreprise réunis pendant deux jours dans un hôtel perché de la capitale. Leurs conclusions seront présentées aux chefs d'État ce vendredi.

(Source : *Le Figaro*, 11/11/2010.)

Annexe 3

Les pays en développement profiteraient-ils de la conclusion des négociations en cours à l'OMC ?

Dans le secteur agricole, on estime qu'une réduction de 75 % des droits de douane et des subventions accroîtrait le revenu des pays en développement de quelque 23 milliards de dollars, avec une progression du PIB de 0,3 % en Afrique subsaharienne, en Asie du Sud et en Amérique latine. Sur un gain de 97 milliards de dollars résultant de l'amélioration de l'accès aux marchés non agricoles, 68 milliards de dollars iraient aux pays en développement.
Selon les estimations, la libéralisation totale de l'accès aux marchés des États-Unis, de l'Union européenne, du Japon et du Canada profiterait grandement à l'Afrique subsaharienne, dont les exportations non pétrolières augmenteraient de 14 % et le revenu réel d'environ 1 %. Les gains pour les pays en développement sont plus importants s'ils s'engagent à réduire davantage encore leurs propres droits de douane.
Les pays en développement seraient parmi les principaux bénéficiaires potentiels de la libéralisation des services, en tant qu'exportateurs comme en tant qu'importateurs, et l'on estime qu'ils récolteraient environ deux tiers des avantages potentiels découlant de l'accord de Doha sur la facilitation des échanges.
Cependant, la politique commerciale, à elle seule, ne suffira pas à assurer le développement et la réduction de la pauvreté...
L'impact des échanges et de la libéralisation commerciale n'est pas uniforme, et les divers segments de la population seront touchés différemment. Il y aura des gagnants et des perdants, et l'effet des échanges sur les pauvres dépendra d'une série de facteurs : la répercussion des variations des prix à la frontière sur les prix payés par les pauvres ; l'impact des échanges sur les recettes et les dépenses publiques ; et la question de savoir si les pauvres sont en mesure de profiter des nouvelles possibilités d'emploi. Il s'ensuit que les avantages à tirer d'une plus grande ouverture des marchés dépendront de facteurs allant bien au-delà de la libéralisation des échanges.

(Source : *Organisation pour la coopération et le développement économique.*)

Annexe 4

Les droits de douane dans les pays développés

Droits de douane moyens (en %)	**2000**	**2010**
Toutes marchandises	9,2	8,8
Produits agricoles	33,4	34,6
Produits non agricoles	3,1	2,2

(Source : *Organisation mondiale du commerce, centre du commerce international, conférence des Nations unies pour le commerce et le développement.*)

Annexe 5

Le protectionnisme émergent ?

Nous trouvons en première ligne un groupe appelé Global Trade Alert (GTA), qui tire la sonnette d'alarme à propos de ce qu'il qualifie de « mastodonte protectionniste ». Le dernier rapport du GTA ne recense pas moins de 192 mesures protectionnistes depuis novembre 2008, qui visent en général la Chine. Ce chiffre a été largement repris par la presse financière. Pris pour argent comptant, il semble suggérer que les gouvernements ont pour ainsi dire renoncé à leurs obligations envers l'OMC et le système commercial multilatéral.

Mais en regardant ce chiffre de plus près, on s'aperçoit qu'il n'y a pas vraiment de quoi s'inquiéter. [...] Qu'en est-il par exemple des droits de douane récemment imposés par les États-Unis sur les pneus chinois ? La décision prise par le président Obama d'imposer une taxe élevée (de 35 % la première année) à la suite d'une décision de la Commission américaine sur le commerce international (USITC) (demandée par des syndicats américains) a été largement décriée comme mettant de l'huile sur le feu protectionniste.

Mais il est également facile d'exagérer l'importance de ce cas. Ces droit de douane sont conformes à l'accord spécial négocié par les États-Unis au moment où la Chine est devenue membre de l'OMC, par lequel les États-Unis conservaient le droit d'imposer des tarifs douaniers temporaires en cas de « soudaine hausse » des importations chinoises. Ces droits de douane sont bien inférieurs à ceux préconisés par l'USITC. Et dans tous les cas, cette mesure ne concerne que moins de 0,3 % des exportations chinoises vers les États-Unis.

(Source : *La Tribune*, 16/10/2009.)

1 Le libre-échange est la doctrine économique favorable à la libre circulation des marchandises. Cette libre circulation peut s'étendre aux services, aux capitaux et à la main-d'œuvre. Elle consiste à favoriser l'ouverture commerciale des nations en levant les obstacles aux échanges.

Le protectionnisme est une doctrine qui propose de protéger la production nationale de la concurrence des entreprises étrangères. Pour cela, le pouvoir politique entrave l'entrée sur le territoire national des marchandises étrangères par des taxes (droits de douane) à l'importation ou des barrières non tarifaires (normes techniques ou sanitaires, quotas, contingents...).

2 Les droits de douane sont, pour un pays donné, des instruments qui lui permettent de limiter les importations en ajoutant un impôt au coût des produits lors de leur passage à la frontière. Le prix du produit importé devient, de fait, plus élevé et, par conséquent, le prix du produit national est plus compétitif. Cela permet donc de protéger la production nationale en augmentant le coût des produits étrangers. Par conséquent, les produits fabriqués par l'industrie domestique sont plus compétitifs. Par exemple, le secteur avicole sénégalais (annexe 1) n'est pas compétitif face aux importations européennes de volaille. Des droits de douane sur ces importations permettraient de rendre la production locale plus compétitive.

Un pays peut donc chercher à échapper au libre-échange en protégeant en partie son marché pour soutenir des industries naissantes ou vieillissantes, mais également pour des raisons de sécurité, de santé publique ou de respect de l'environnement. Enfin, les droits de douane sont également un outil de régulation (annexe 5) qui permet de compenser la non-ouverture réciproque des économies.

3 La libéralisation commerciale semble avoir entraîné, au cours des trente dernières années, une augmentation de la croissance et du revenu dans les pays en développement. Ces derniers ont bénéficié de l'ouverture des frontières pour trouver de nouveaux débouchés (annexe 3).

Le libre-échange a également participé au développement de ces pays. Les importations ont été accompagnées, en général, de transferts de technologie qui ont généré de l'innovation, des gains de productivité et une meilleure compétitivité des entreprises nationales. En outre, le libre-échange a permis de fournir aux populations des produits meilleur marché et plus diversifiés.

Il n'en demeure pas moins que le libre-échange a parfois des conséquences néfastes. L'ouverture des échanges a pu fragiliser, voire détruire, des filières économiques entières, peu performantes au regard des standards internationaux. C'est le cas, aujourd'hui, du secteur avicole sénégalais, dévasté par les importations de volaille européenne (annexe 1).

4 Depuis les accords du Gatt, puis la création de l'Organisation mondiale du commerce le 1er janvier 1995, la politique commerciale a pour but explicite de favoriser le libre-échange entre les pays signataires de ces accords.

Dès lors, l'OMC vise la réduction, voire la suppression des mesures protectionnistes réduisant les échanges commerciaux. Pourtant, la plupart des pays maintiennent un certain niveau de protection. La régulation mondiale des échanges consiste à définir le cadre d'une politique commerciale multilatérale où les États conviennent du degré d'ouverture de certains secteurs de leur économie. Il convient alors de s'interroger sur l'intérêt de cette régulation.

I. La régulation mondiale, outil indispensable du développement des échanges

La régulation du commerce mondial est indispensable pour favoriser le développement des échanges. Il n'est pas toujours facile pour les pays d'échanger leurs marchandises car ils n'ont pas tous un poids égal lors de l'échange. Les pays développés, pour des raisons notamment économiques et financières, sont généralement en situation de force. Cette position va leur permettre d'imposer leurs conditions. Ce déséquilibre va être à l'origine d'un ralentissement des échanges, voire de conflits commerciaux entre les pays. La résolution de ce problème passe par la mise en place de règles qui s'imposent à tous, fixées par un organisme indépendant des États : l'OMC. Celui-ci prône et favorise une politique commerciale de libre-échange (annexe 3).

La régulation permise par l'OMC a donc engendré un développement croissant des échanges dans le monde. Toutefois, comme nous l'avons évoqué plus tôt, des différends entre pays, notamment entre pays membres de l'OMC, peuvent exister lors d'échanges commerciaux. Lorsque l'un des 159 pays membres est en conflit avec un autre, il peut porter le cas devant l'Organe de règlement des différends (ODR). Celui-ci permet aux États de faire valoir leurs droits et le règlement des conflits commerciaux dans un cadre commun.

La régulation des échanges mondialisés va favoriser la pratique générale de libre-échange censée profiter à chacun des pays membres (annexes 1, 3 et 5). Dans un premier temps, nous pouvons constater que cette pratique offre de nombreux avantages. Le libre-échange augmente la diversité des produits mis à la disposition du consommateur et accroît les débouchés des entreprises productrices. Il favorise une concurrence mondiale qui entraîne la baisse des prix pour les clients, et entretient l'esprit d'innovation des producteurs.

Le dernier avantage de cette régulation provient de la possibilité d'assurer un traitement différencié plus favorable aux pays en développement (annexe 1). L'OMC, dans certains cas, va permettre à certains pays d'échapper quelque temps au libre-échange en protégeant leurs secteurs en difficulté ou leurs industries naissantes de la concurrence d'entreprises étrangères dominantes. Ainsi, les producteurs locaux pourront rattraper leur retard de compétitivité.

II. La réussite inégale de la régulation mondiale des échanges

L'explosion des échanges mondiaux, favorisés par la régulation des échanges, a parfois déstructuré l'économie de certains pays développés. L'industrie textile fran-

çaise, par exemple, a vu nombre d'entreprises être détruites par les importations provenant de pays à bas coûts. Pour le consommateur français, la production dans ces pays a permis d'obtenir des produits à un prix a priori moins élevé. Seulement, ce phénomène a également eu pour conséquence la disparition de nombreux emplois nationaux pour des salariés qui avaient la particularité de ne pas avoir suffisamment de formation pour se réorienter dans d'autres activités.
Un pays peut donc assister à la disparition de certains secteurs de son économie dans ce processus. Les conséquences sur l'emploi sont importantes mais elles ne sont pas les seules. La disparition d'entreprises va entraîner la perte de recettes fiscales et de nombreuses difficultés économiques pour le pays (déficit public, croissance faible...) qui peuvent nécessiter la demande d'une protection économique (annexe 1). Les dirigeants peuvent alors décider de protéger les entreprises nationales en mettant en place des mesures protectionnistes (quotas, droits de douane, normes réglementaires...). Ces barrières sont cependant très majoritairement en contradiction avec les règles et principes de l'OMC.
Certains pays mettent en œuvre des mesures protectionnistes unilatérales et, grâce à ces comportements opportunistes, en tirent des avantages déloyaux (annexes 4 et 5). C'est le cas des États-Unis, qui ont récemment imposé des taxes sur l'importation de pneus en provenance de la Chine. Ces mesures provoquent un protectionnisme de rétorsion et privent les entreprises nationales de leurs débouchés extérieurs, freinant leur activité. Ces mesures de rétorsion (dont la hausse des droits de douane) ne sont par ailleurs pas autorisées par l'OMC qui peut condamner le pays qui en est à l'origine.
Enfin, la pluralité des membres de l'OMC et la nécessité d'obtenir le consensus de 159 pays entraînent inévitablement la création de zones d'échanges privilégiées entre pays géographiquement proches. Les accords de type Union européenne, ASEAN (Association des nations de l'Asie du Sud-Est), Mercosur (marché commun du Sud) et Aléna (accord de libre-échange nord-américain) se multiplient et viennent se superposer à ceux de l'OMC. La multiplication des accords commerciaux régionaux constitue un obstacle aux négociations multilatérales et défavorise les membres de l'accord régional par rapport aux autres. Cela contredit l'objectif d'égalité entre les membres de l'OMC.

Par conséquent, si la régulation des échanges a permis la croissance économique et le développement du commerce international, il a également provoqué la restructuration de plusieurs secteurs d'activités dans les pays développés. La mondialisation, qui a théoriquement favorisé le consommateur par des baisses de prix et les entreprises en offrant des débouchés, a également provoqué de nombreuses pertes d'emplois, principalement non qualifiés, ainsi que la délocalisation d'entreprises dans de nombreux secteurs. Pour ces raisons, nous pouvons constater dans de nombreux pays un réveil des tentations protectionnistes.

Afrique-Europe, juin 2014

Questions

À partir de vos connaissances et de la documentation fournie en annexe :

1 Rappelez comment se calcule le taux de chômage et décrivez son évolution générale.

Cette question vise à évaluer vos compétences méthodologiques dans l'interprétation des données économiques. Elle évoque plus précisément deux des principales notions du thème 7 : « Le chômage résulte t il de dysfonctionnements sur le marché du travail ? », « le chômage et le taux de chômage ».

En effet, il vous est demandé d'utiliser vos connaissances pour rappeler le mode de calcul du chômage. Le chômage est un phénomène complexe qui, selon ses définitions, peut avoir plusieurs natures ou plusieurs méthodes de mesure.

Nous nous limiterons à la définition du chômage donnée par le BIT (Bureau international du travail) et retenue par l' Insee : un chômeur, au sens du BIT, est une personne en âge de travailler (15 ans ou plus) qui répond simultanément à trois conditions :

- être sans emploi, c'est-à-dire ne pas avoir travaillé, ne serait-ce qu'une heure, durant une semaine de référence ;
- être disponible pour prendre un emploi dans les quinze jours ;
- avoir cherché activement un emploi dans le mois précédent ou en avoir trouvé un qui commence dans moins de trois mois.

Puis, vous devrez utiliser l'annexe 1 pour décrire (et non « analyser ») son évolution globale. Cette annexe présente l'évolution du chômage en France de 1990 à 2011, relevée par l'enquête emploi de l'Insee. Ce tableau multicritère combine des taux de chômage selon l'année, le sexe et l'âge de la population interrogée.

Le tableau (annexe 1) indique les taux de chômage en fonction du sexe et de l'âge des sans-emploi. Il vous permet ainsi d'observer, durant cette période de vingt et un ans, l'évolution du chômage de façon générale, puis de constater que cette évolution du chômage est différente que l'on soit un homme ou une femme ou selon l'âge.

2 Présentez les catégories de population les plus touchées par le chômage en France.

Vous devez analyser les tableaux des annexes 1 et 2. Pour cela, vous utiliserez vos compétences méthodologiques.

Après avoir dégagé une tendance globale, vous effectuerez une présentation détaillée et chiffrée pour chaque critère (âge, sexe et formation). Évidemment, il faut parfois faire le lien entres elles.

Le premier tableau présente le taux de chômage en fonction du sexe et de l'âge des sans-emploi et constate son évolution sur une vingtaine d'années. Il vous permet ainsi de remarquer que certaines catégories de population sont plus touchées.
Le second met en relation les taux de chômages des individus sortis récemment de leur formation initiale selon leur niveau de qualification.

3 Relevez des mesures de politique conjoncturelle permettant d'agir sur le chômage.

Cette question va vous permettre de faire le lien entre les thèmes 7 et 9 du programme : « Le chômage résulte-t-il de dysfonctionnements sur le marché du travail ? » et « L'État a-t-il des marges de manœuvre en termes de politiques économiques ? ».
L'utilisation de ces deux thèmes sera incontournable pour traiter convenablement la dernière question.
Vous pouvez ici vous appuyer sur l'annexe 4 et sur vos connaissances pour extraire (sans développement technique particulier) des instruments de la politique économique conjoncturelle.
On peut différencier deux principaux types de politiques conjoncturelles, selon qu'elles visent à encourager la croissance (politique de relance) ou à limiter l'inflation (politique de stabilisation). Les deux principales politiques conjoncturelles sont la politique budgétaire et la politique monétaire. La politique budgétaire agit grâce au budget de l'État. Son principal instrument est celui des recettes fiscales. La politique monétaire est bien évidemment celle de l'euro et donc de l'Europe. C'est pourquoi elle est confiée à la Banque centrale européenne (BCE). Elle a pour objectif de contenir l'inflation en dessous d'un certain niveau et, dans un second temps, de stimuler la croissance et l'emploi. Pour ce faire, la BCE dispose principalement d'une arme : les taux directeurs.

4 Rédigez une argumentation qui permette de répondre à la question suivante : **« L'État peut-il lutter efficacement contre le chômage ? »**

Cette question porte sur les dysfonctionnements du marché du travail et sur le rôle de l'État et des politiques économiques principalement, comme à la question précédente.
La question 1 vous a permis de comprendre l'importance du phénomène d'aggravation du chômage. Cela vous permettra, dans votre introduction, de souligner la nécessité de traiter ce sujet.
La question 3 a déjà permis de rappeler les « mesures de politique conjoncturelle permettant d'agir sur le chômage ». Toutefois, il faudra compléter avec les instruments structurels.
Enfin, la question 2 vous a rappelé l'influence du niveau de diplôme et donc de la formation sur le taux de chômage.
Bien que plusieurs plans soient possibles, le sujet dans sa globalité vous a amené à traiter les aspects structurel et conjoncturel du chômage.

Annexes

Annexe 1

Évolution du chômage en France depuis 1990

Taux de chômage par sexe et par âge			
	Moyenne 1990	Moyenne 2000	Moyenne 2011
Hommes	6,2	7,2	8,8
15 à 24 ans	13,0	15,1	21,1
25 à 49 ans	5,1	6,4	7,8
50 à 64 ans	5,0	6,1	6,3
65 ans ou plus	0,9	0,0	1,1
Femmes	10,2	10,1	9,7
15 à 24 ans	18,2	17,8	23,1
25 à 49 ans	9,2	9,8	9,0
50 à 64 ans	7,3	7,1	6,7
65 ans ou plus	0,5	0,0	1,8
Total	7,9	8,5	9,2
15 à 24 ans	15,4	16,3	22,0
25 à 49 ans	6,9	8,0	8,4
50 à 64 ans	6,01	6,5	6,5
65 ans ou plus	0,4	0,0	1,4

(INSEE, enquête emploi.)

Champ : population des ménages de France métropolitaine, personnes de 15 ans ou plus.

Annexe 2

Taux de chômage selon le diplôme et la durée écoulée depuis la sortie de formation initiale

Année 2012 en %	
	Sortis depuis 1 à 4 ans de formation initiale
Ensemble	20,3
Enseignement supérieur	09,9
Bac, CAP-BEP et équivalents	24,0
Brevet, certificat d'études primaires et sans diplôme	46,6

(INSEE, enquête emploi.)

Lecture : en 2012, le taux de chômage (au sens du BIT) des personnes sorties depuis 1 à 4 ans de leur formation initiale est de 20,3 %.

Annexe 3

Le chômage structurel résiste à l'embellie...

Ainsi, les chiffres du chômage sont durablement mauvais. Ceux de février doivent en tout cas nous alerter plus que tous les autres car ils signent le caractère structurel de cette dégradation sans précédent sur le front de l'emploi.

Chômage conjoncturel, on connaît l'argument ! C'est celui qu'une simple hausse de la demande suffit à juguler... Le retour de la croissance, même invisible sur nos écrans radars, permettra, c'est certain, de l'enrayer !

Mais hélas, le chômage que les tristes chiffres de février 2013 laissent apparaître est d'une autre nature : structurel, complexe, durable car indissociablement lié à la dégradation ou aux mutations de nos structures de production...

Dans notre pays, en 2013, il progresse... Patrick Artus éclaire ce tableau par la mise en perspective instructive de son évolution : « 2 % au début des années 1970, 5 % au milieu des années 1980, 8 % au milieu des années 1990, 7,5 % au milieu des années 2000 et 10,7 % aujourd'hui. »

(*Le Monde*, mars 2013.)

Annexe 4

Des mesures contraintes de lutte contre le chômage

Le sommet sur l'emploi du 18 janvier a donc débouché sur quelques mesures largement consensuelles : une simplification des procédures pour la mise en oeuvre du chômage partiel, un millier de contrats à durée déterminée (CDD) supplémentaires pour aider Pôle emploi à faire face à l'afflux de nouveaux chômeurs et quelques moyens en plus pour la formation des sans-emploi. Mais au total, les 430 millions d'euros de dépenses nouvelles apparaissent bien limités : elles ne représentent que 0,02 % du produit intérieur brut (PIB) [...].

Aucune mesure n'a été décidée pour éviter aux 1,6 million de chômeurs de longue durée (et en particulier aux 900 000 chômeurs de plus de 50 ans) de tomber dans la misère à l'épuisement de leurs droits à l'assurance chômage. Il n'y aura pas non plus de relance significative des emplois aidés, bien que leur nombre ait diminué d'au moins 75 000 en 2011, selon les chiffres du ministère du Travail. [...]

Cette insignifiance des mesures conjoncturelles est justifiée au nom de la rigueur budgétaire. C'est en réalité un mauvais calcul : la poursuite de la montée du chômage conjuguée à l'arrivée en fin de droits de nombreuses personnes qui ont perdu leur emploi en 2008-2009 va peser lourdement sur la consommation cette année. Elle va aussi inquiéter ceux qui ont gardé leur emploi jusqu'ici, les incitant à accroître leur épargne. Et tout cela va aggraver encore le ralentissement de l'économie, priver l'État de recettes et compromettre au final la baisse des déficits.

Cette absence de mesures immédiates contre le chômage est cependant censée être compensée par d'autres initiatives plus structurelles, que le président de la République entend faire adopter à marche forcée au cours des prochaines semaines [...].

(*Alternatives économiques* n° 310, février 2012.)

1 Le taux de chômage est établi par le rapport entre le nombre de chômeurs et la population active totale, soit : taux de chômage = (nombre de chômeurs/population active totale) $\times$ 100.
Globalement, le taux de chômage a augmenté, passant de 7,9 % en 1990 à 10,7 % en 2013. Cette évolution est valable, entre 1990 et 2011 (annexe 1), pour toutes les tranches d'âges, à l'exception des 65 ans et plus.
Toutefois, si cette progression est nette chez les hommes, avec une augmentation de 2,6 points du taux de chômage sur une vingtaine d'années et une évolution parallèle à la tendance générale, il semble opportun de s'intéresser plus précisément au taux de chômage chez les femmes.
En effet, les chiffres de cette catégorie ne suivent pas la tendance moyenne et la progression sans interruption chez les hommes ne se retrouve pas ici. Par exemple, en 2000, hormis chez les « 25 à 49 ans », nous pouvons constater une relative baisse du taux de chômage des femmes par rapport à l'année 1990. On note également chez les « 50 à 64 ans » de ce tableau une baisse continue sur vingt ans.

2 Avec un taux moyen de 10,7 % de chômeurs en 2013, nous sommes dans un phénomène de chômage de masse qui impacte l'ensemble de la population française. Toutefois, on constate une forte disparité selon l'âge, le sexe et la formation.
Les jeunes (15 à 24 ans) sont particulièrement touchés par le chômage. Le taux de chômage de cette population atteint en effet 22 % en moyenne en 2011, et même 23,1 % pour les jeunes femmes.
En outre, nous pouvons constater que les personnes sorties de l'école sans diplôme ou peu diplômées, que l'on peut supposer « jeunes », sont au chômage presque dans la moitié des cas.
Les femmes sont globalement plus touchées par le chômage que les hommes, quel que soit leur âge. Toutefois, il y avait 4 points d'écart en 1990 contre 2,9 en 2011. Le décalage est donc toujours trop important, mais il se réduit.
Le taux de chômage des peu ou non-diplômés est très élevé. Le taux de chômage des personnes ayant récemment terminé leurs études supérieures, 9,9 %, tend à montrer que la formation initiale reste un bouclier efficace contre le chômage, qui est de 20,3 % en moyenne pour les personnes sorties depuis peu de leur formation initiale sans diplôme ou très faiblement qualifiées.

3 Les pouvoirs publics disposent de nombreux instruments pour agir sur le chômage conjoncturel. Ces instruments peuvent être monétaires ou budgétaires.
La politique monétaire a pour objectifs la maîtrise de l'inflation et la croissance économique. Depuis la création de la monnaie unique, les 18 États de la zone euro, dont la France, ont transféré leurs pouvoirs en matière de monnaie à la Banque centrale européenne (BCE). Pour atteindre ses objectifs de politique économique, la BCE dispose du pouvoir de fixer les taux d'intérêt directeurs.
Une baisse des taux directeurs de la Banque centrale incite les banques commerciales à baisser leurs taux de crédit. Cette baisse des taux incite les agents écono-

miques à emprunter pour consommer ou investir. Avec comme répercussion une augmentation de la demande des agents et une baisse du chômage.

La politique budgétaire vise à agir sur la situation économique par l'intermédiaire du budget de l'État. Celui-ci peut décider par exemple de réduire ses recettes fiscales. La diminution des prélèvements obligatoires peut avoir un impact sur le niveau du chômage. Une baisse de l'impôt sur les sociétés permettrait aux entreprises d'avoir plus de marges, ce qui pourrait favoriser l'investissement et l'emploi. En outre, une diminution des cotisations patronales allégerait le coût de la main-d'œuvre et créerait théoriquement des embauches supplémentaires.

Enfin, une augmentation des dépenses budgétaires peut être envisagée. L'annexe 4 propose comme solution au chômage conjoncturel l'embauche de conseillers Pôle emploi et davantage de formation, afin de traiter dans de meilleures conditions la situation et la réinsertion des chômeurs. Le traitement social du chômage par l'augmentation des allocations y est également évoqué. En outre, l'augmentation des aides et allocations diverses aurait un impact sur le pouvoir d'achat des ménages, donc sur la demande et l'emploi.

De même, l'augmentation des aides et subventions aux entreprises leur offrirait davantage de compétitivité et pourrait relancer l'investissement, donc la demande et la baisse du chômage. L'État pourrait encore investir dans les infrastructures et par conséquent relancer l'emploi dans les secteurs concernés (bâtiment, routes, ponts...).

4 Face à la crise économique, les pays industrialisés subissent de plein fouet la montée du chômage. Cependant, le niveau du chômage diffère d'un pays à l'autre. La France, avec un chômage de 10,7 % en 2013 (annexe 1), est contrainte de mettre en place des mesures de réduction de ce phénomène. Alors, quelle politique économique l'État peut-il entreprendre pour lutter contre le chômage ?

En fait, les instruments à mettre en place dépendent de la nature du chômage. Nous examinerons donc les outils de lutte contre le chômage conjoncturel, puis nous étudierons les mesures envisageables à long terme pour diminuer le chômage structurel.

I. La lutte contre le chômage conjoncturel

Le chômage conjoncturel est lié à l'activité économique. Plus cette dernière ralentit, comme depuis la crise économique de 2008, et plus le taux de chômage est élevé. En effet, les entreprises, afin d'anticiper la baisse de la demande des biens et services qu'elles produisent, vont, à court terme, agir sur le facteur travail en licenciant.

Dans ce cadre, la stimulation de la demande globale (consommation des ménages, investissement des entreprises...) par une politique keynésienne de relance par l'accroissement du déficit public peut parfois se révéler efficace. Une baisse des prélèvements obligatoires des ménages ou des entreprises ou une augmentation des aides de ces acteurs va dynamiser l'activité (si ce revenu supplémentaire n'est pas épargné ou distribué aux actionnaires). La production se trouve alors encouragée, ce qui incite les entreprises à développer les embauches.

De la même manière, dans une économie qui détruit des emplois, les pouvoirs publics peuvent user des contrats aidés, et notamment des emplois d'avenir pour lutter contre le chômage des jeunes (22 % en moyenne en 2011). Subventionnés par une aide de l'État variable sur une durée limitée, ils peuvent permettre une baisse du chômage et ciblent souvent des catégories de chômeurs particulièrement touchées.

Enfin, un assouplissement de la politique monétaire, en baissant le niveau des taux d'intérêt et donc le coût du crédit, peut permettre de stimuler la demande. Incité par un coût de l'emprunt plus faible, l'agent économique sera plus enclin à consommer ou à investir. Ainsi, la baisse des taux de crédit va soutenir l'activité économique et impacter le chômage.

L'État français ne dispose plus cependant de l'instrument de politique monétaire, qui est maintenant la prérogative de la BCE (Banque centrale européenne). Il ne peut donc plus agir sur la fixation des taux d'intérêts ni sur l'émission de la monnaie pour relancer l'activité économique et donc l'emploi.

Paradoxalement, en ces temps de chômage de masse, les entreprises peinent à recruter. 400 000 à 600 000 postes étaient ainsi vacants en France mi-2013. Nous pouvons donc affirmer que le chômage conjoncturel n'est pas la seule composante du chômage en France.

II. La lutte contre le chômage structurel

Parfois, le chômage ne découle pas principalement d'une insuffisance de la demande globale. Des dysfonctionnements sur le marché du travail peuvent également être source de chômage. La rigidité du Code du travail et de la réglementation, notamment liée au temps de travail et au Smic, est souvent pointée du doigt. Dans une approche libérale, la suppression du Smic permettrait de faire baisser le taux de chômage, car en période d'insuffisance de la demande, cela permettrait de maintenir des embauches. Le salaire serait librement fixé par le jeu de l'offre et de la demande en dehors de toute contrainte juridique.

L'inadéquation des qualifications des salariés en recherche d'emploi avec les besoins des entreprises est un facteur de chômage. En effet, certaines offres d'emploi ne trouvent pas preneur (secteur des BTP, hôtellerie-restauration...) malgré la situation de l'emploi. Dans ce contexte, les politiques de formation sont importantes pour adapter les individus aux réels besoins de compétences des entreprises.

Par ailleurs, certains secteurs ont des difficultés à recruter pour des raisons, non pas de formation inadaptée des candidats, mais parce qu'ils pâtissent d'une mauvaise image, souvent associée à la pénibilité du travail et aux bas salaires. Le gouvernement devrait encadrer davantage ces secteurs pour les rendre plus attractifs.

Au-delà du Smic, l'État cherche régulièrement à réduire le coût du travail en diminuant les charges sociales, notamment sur les bas salaires. François Hollande, comme les précédents présidents, tente de miser sur une baisse des charges des entreprises pour créer de l'emploi. Avec un allégement du coût du travail de 30 mil-

liards d'euros par an à l'horizon 2017, il veut inciter les entreprises à embaucher et améliorer leur compétitivité.
Dernier instrument de lutte contre le chômage, les politiques visant à améliorer la flexibilité sur le marché du travail. Prenons le cas du Danemark, pays de la « flexisécurité » où le chômage est au plus bas. Ce dispositif social autorise une plus grande facilité de licenciement pour les entreprises et des indemnités longues et importantes pour les salariés licenciés. En France, les « accords compétitivité-emploi » de 2013 avec les partenaires sociaux vont permettre à une entreprise en grave difficulté conjoncturelle de moduler salaires et temps de travail pendant deux ans maximum, par exemple.

Concluons en rappelant que le chômage, en France, est à la fois conjoncturel et structurel. Le gouvernement (et la BCE pour la politique monétaire) doit donc limiter les effets de la crise sur la demande par des politiques de relance de l'activité. Toutefois, même en période de croissance, comme dans les années 1997-2001, le chômage reste à des niveaux élevés et impose la mise en place de mesures structurelles de formation ou de baisse du coût du travail notamment.

Polynésie, juin 2014

Questions

À partir de vos connaissances et de la documentation fournie en annexe :

1 Listez les solutions à la disposition des États pour attirer les multinationales.

La question 1 porte sur le thème 9 du programme : « L'État a-t-il des marges de manœuvre en termes de politique économique ? ».

Cette partie du programme vise à vous faire comprendre les choix qu'un État, au sens étendu du terme, peut effectuer en matière de politique économique. La politique économique vise d'une part à créer les conditions d'un meilleur fonctionnement du système économique, d'autre part à en réguler l'activité à court terme, en vue d'une croissance forte et régulière, sans déséquilibres macroéconomiques tels que le chômage, la récession, le déficit du commerce extérieur ou l'inflation. Elle cherche également l'adaptation des structures de l'économie à son environnement. Toutefois, ses marges de manœuvre se sont restreintes au cours des dernières décennies, notamment en raison des contraintes inhérentes à la zone euro.

À travers cette question, le sujet vous invite à relever, dans l'annexe 1 ou grâce à vos connaissances, les différents moyens qu'un État (et ses collectivités territoriales) peut utiliser pour rendre son territoire attractif aux firmes multinationales.

Il ne vous est pas demandé d'argumenter.

2 Expliquez les raisons et les risques de la politique budgétaire restrictive menée actuellement par la France.

Cette question est encore une fois issue du thème 9 et porte plus particulièrement sur « les contraintes pesant sur les politiques économiques dans la zone euro ».

Le sujet souhaite vous sensibiliser au poids de l'impôt et à la baisse des dépenses publiques, qui peuvent avoir des effets négatifs sur l'activité économique, mais également au risque d'une aggravation des déficits publics et de la dette souveraine.

À vous d'utiliser les informations des documents (notamment celles de l'annexe 2) et de les compléter. Une simple recopie pénaliserait évidemment votre travail.

3 Expliquez le mécanisme du « taux directeur » de la BCE et ses conséquences sur l'activité économique de la zone euro.

Vos connaissances sur la politique monétaire et le rôle de la BCE vont être sollicitées dans cette question.

L'annexe 3 vous aide à définir les notions à mobiliser mais elle apporte peu d'informations. Elle vous explique toutefois qu'avec un taux d'intérêt directeur à son plus bas niveau, la zone euro fait face à une « contraction du crédit ».

4 Rédigez une argumentation qui vous permette de répondre à la question suivante :
« En France, l'État est-il libre de ses choix de politique économique ? »

Les questions 2 et 3 vous ont permis de comprendre que ce sujet sur la politique économique avait des aspects budgétaires et monétaires. Vous avez également pu voir que les déficits importants avaient pour conséquence, dans les pays concernés, l'apparition de politiques budgétaires restrictives.

La difficulté de cette question est liée au manque d'informations issues des annexes. Vos connaissances seront donc très importantes pour répondre au sujet. Les notions de taux directeur (question 3), de dette souveraine, de politiques budgétaire et monétaire, de prélèvements obligatoires et de solde budgétaire sont incontournables.

Définir la notion de « politique économique » est primordial et vous devez également, dans une petite introduction, expliquer l'intérêt du sujet, puis enchaîner vos arguments de manière logique. Vous finirez en quelques lignes de conclusion en répondant à la problématique.

La cohérence de votre travail et l'enchaînement logique d'arguments développés et illustrés sont votre seule obligation. Les autres règles de forme habituelles lors de ce type d'exercice ne sont pas évaluées.

Enfin, vérifiez que votre vocabulaire est économique et rappelez-vous que des phrases courtes et claires feront oublier les problèmes de ponctuation et vous permettront de limiter les fautes d'orthographe.

Annexes

Annexe 1

Investissements en Europe : les multinationales font leur marché

Avant d'investir dans un pays, les grands groupes l'examinent à la loupe. Face à des États prêts à tout pour créer des emplois, ils sont en position de force pour imposer leurs conditions. Ce 26 novembre 2012, [...] Christian Poiret, maire de Lauwin-Planque, dans le département du Nord, se souviendra toute sa vie d'une nouvelle évoquée en fin de journal. Son petit village a été choisi pour accueillir l'investissement étranger le plus convoité de l'année : le dernier entrepôt du géant américain d'e-commerce Amazon. Quelque 2 500 emplois à la clé. Pendant dix mois, lui et sa petite équipe [...] ont travaillé d'arrache-pied pour l'emporter face à 24 concurrents, sans même savoir qui était le mystérieux investisseur derrière le nom de code du projet, Logistic 22. Pour faire la différence, l'établissement public a misé sur l'accélération des procédures et sur l'anticipation des besoins de l'entreprise. Avant même qu'Amazon ne prenne sa décision, des routes d'accès au futur chantier avaient été construites, 38 000 mètres cubes de terre avaient été remués... [...]

Subventions, fiscalité, coût du travail, qualité de la main-d'œuvre, infrastructures, transports, utilities (services), coût des bâtiments... Tous les critères sont examinés à la loupe, pondérés en fonction des besoins. Les élus locaux sont aux premières loges de l'incessant bras de fer : récemment, pour éviter de perdre 200 postes promis par la société de centres d'appels Arvato, la communauté d'agglomération du Grand Angoulême s'est engagée à ne pas accueillir son principal concurrent, Laser Contact. [...]

(Source : *L'Expansion*, 03/05/2013.)

Annexe 2

L'austérité, stop ou encore

Les politiques budgétaires restrictives ont plongé la France et l'Europe dans la récession. Il faudrait changer de politique dès maintenant, car le temps presse.

[...] En octobre dernier, nous titrions « Rigueur, l'overdose » : tout en saluant l'effort du gouvernement pour cibler en priorité les revenus des plus aisés, nous mettions en garde contre le caractère excessif de la restriction budgétaire de 30 milliards d'euros engagée pour 2013 dans un contexte très déprimé. Malheureusement, le scénario noir est en train de se concrétiser. L'économie française est entrée en récession fin 2012, et celle-ci semble s'aggraver. Les indicateurs soulignent en particulier un recul sensible de la consommation des ménages, alors qu'elle avait plutôt résisté jusque-là. Et logiquement, la hausse du chômage se poursuit à un rythme soutenu : le cap des 5 millions de demandeurs d'emploi inscrits en catégories A, B et C (c'est-à-dire y compris ceux qui ont travaillé quelques heures dans le mois) à Pôle emploi a été franchi en mars dernier.

[...] Mais l'ampleur du ralentissement économique limite aussi fortement la baisse du déficit public. Pour 2012, Nicolas Sarkozy avait déjà réduit [les dépenses publiques] et François Hollande avait renforcé [cette action] à son arrivée. Du coup, la chute de l'activité a été tellement marquée en fin d'année que le déficit n'est, au final, passé que de 5,2 % du produit intérieur brut (PIB) en 2011 à 4,8 % en 2012. Et 2013 ne s'annonce pas mieux : en janvier et février, le déficit de l'État s'est accru de près de 3 milliards d'euros par rapport à 2012 parce que ses recettes ont reculé de 2,8 %. Avec le risque non négligeable qu'à terme, ces mauvaises performances sur le plan de l'activité et des finances publiques fassent basculer la France du côté des « pays à problèmes » aux yeux des investisseurs, la privant du bénéfice du taux d'intérêt exceptionnellement bas, dont elle a profité jusque-là avec l'Allemagne. [...]

Il ne fait donc guère de doute que les politiques budgétaires excessivement restrictives menées en France et en Europe sont contre-productives. Pourtant, le gouvernement a choisi de poursuivre dans cette voie avec le programme de stabilité rendu public le 17 avril dernier. Celui-ci prévoit en effet un effort supplémentaire de restriction budgétaire de 20 milliards d'euros en 2014, avec 14 milliards d'euros d'économies sur les dépenses et 6 milliards d'euros de hausse des recettes. L'objectif affiché étant de revenir à un déficit public de 2,9 % du PIB l'an prochain. Un programme que la Commission européenne doit examiner d'ici à fin mai.

(Source : *Alternatives économiques*, n° 324, rubrique « L'événement », mai 2013.)

Annexe 3

La politique monétaire inopérante

Pour tenter de raviver l'activité, la BCE a encore abaissé à 0,5 % en mai 2013 son taux directeur (celui auquel elle prête de l'argent à court terme aux banques). Il est quasiment au plancher. Ces baisses répétées peinent cependant à se transmettre au coût du crédit aux entreprises dans les pays de la périphérie de la zone euro. Elles n'ont pas non plus permis d'enrayer la contraction du crédit.

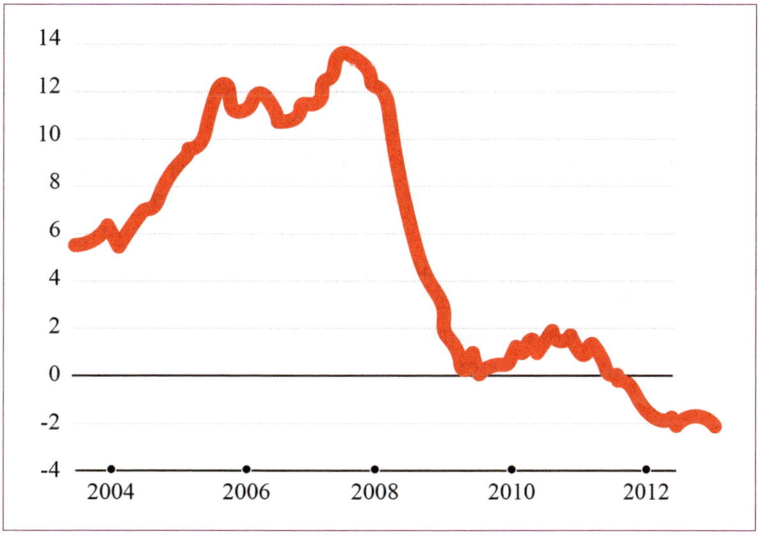

(Source : « Financement : la BCE ne peut pas tout », *Alternatives économiques*, hors-série n° 98, octobre 2013.)

1 Plusieurs solutions sont à la disposition des pouvoirs publics pour attirer les investissements étrangers dans le cadre de leurs politiques d'aménagement du territoire.
Pour cela, il offre des aides diverses (aides fiscales, subventions), met en place des réseaux d'information, de promotion, de prospection et d'accueil des entreprises étrangères.
Pays reconnu pour sa qualité de vie, les principaux atouts de la France sont nombreux : des services publics efficaces, d'excellentes infrastructures, une base technologique diversifiée, une main-d'œuvre qualifiée et productive, une démographie parmi les plus dynamiques d'Europe (marque de confiance dans l'avenir), la taille de son marché intérieur, l'accès au marché européen du fait de sa position géographique, la qualité des ressources humaines, la qualité de son réseau de transport, le coût des bâtiments.
De façon plus anecdotique, une collectivité peut s'engager « à ne pas accueillir » le concurrent d'une entreprise sur son territoire en échange de sa venue (cf. annexe 1).

2 Tous les États de l'Union européenne mènent des politiques de réduction des déficits publics. Les pays de la zone euro, en particulier, veulent respecter les critères du Pacte de stabilité et de croissance. Celui-ci fixe trois règles principales : le déficit public doit rester inférieur à 3 % du PIB, la dette publique doit être contenue en dessous de 60 % du PIB, et les États doivent viser l'équilibre budgétaire à moyen terme. Au-delà de la volonté de résorber les déficits publics ou de diminuer l'endettement du pays, la politique de rigueur a pour objectifs la maîtrise de l'inflation et l'amélioration du solde de la balance commerciale. Ce dernier point étant possible grâce à la baisse des impôts et des charges, qui va améliorer la compétitivité des entreprises nationales face à la concurrence étrangère.
Une politique conjoncturelle restrictive visant à réduire les dépenses publiques (gel des salaires des fonctionnaires, diminutions de certaines allocations...) et/ou à augmenter les impôts risque, selon certains économistes keynésiens, d'entretenir la récession. En effet, si un État augmente ses dépenses ou baisse ses prélèvements, il soutient mécaniquement l'activité économique car il accroît la demande intérieure. Malheureusement, le mécanisme fonctionne aussi dans l'autre sens et crée des situations de baisse de l'activité, et donc de hausse du chômage, comme la Grèce l'a illustré récemment. En France, la restriction budgétaire de 30 milliards d'euros, engagée dans un contexte très déprimé, a fait entrer l'économie en récession fin 2012, et la conjoncture semble s'aggraver. Cette situation a impacté la consommation des ménages et l'investissement des entreprises. Cela a abouti à la hausse du chômage et à une forte limitation de la baisse du déficit public, puisque les rentrées fiscales diminuent du fait de l'activité moribonde.

3 Une baisse des taux directeurs de la Banque centrale incite les banques commerciales (exemples : Caisse d'Épargne, Crédit Mutuel, BNP...) à baisser leurs taux de crédit. Cette baisse des taux incite les agents économiques à emprunter pour

consommer ou investir. Le risque est alors l'inflation, due à un excès de demandes des ménages ou des entreprises. Toutefois, le manque de confiance dans l'économie risque d'annuler les effets bénéfiques d'une baisse des taux directeurs.

Inversement, une hausse des taux directeurs renchérit les crédits accordés par les banques commerciales. Les agents économiques empruntant moins, il y a un risque de ralentissement économique. Pour les agents qui vont emprunter tout de même, le coût du crédit (les intérêts) augmente. Cela diminue la part du revenu disponible pour la consommation, si le ménage avait peu de capacité d'épargne. Cela réduit la compétitivité des entreprises qui voient leurs coûts augmenter.

Enfin, la politique monétaire menée par la BCE est imparfaite dans la mesure où elle est définie à partir de l'inflation moyenne des 18 pays de la zone euro. Ainsi, son taux directeur est trop élevé pour les pays qui connaissent des taux d'inflation faibles, comme la Grèce. Au contraire, pour les pays qui subissent les taux d'inflation les plus élevés, le taux directeur est trop faible et contribue à amplifier les risques inflationnistes.

4 La France subit toujours les effets du ralentissement économique créé par la crise de 2008. Les indicateurs économiques du pays en matière de déficit, de dettes et de croissance sont toujours alarmants. La question des marges de manœuvre dont dispose le gouvernement pour mettre en place ses politiques économiques se pose donc.

Il paraît évident que la liberté d'action de la France en matière de politiques budgétaire et monétaire est restreinte. Il n'en demeure pas moins que celle-ci n'a pas complètement disparu. Alors, l'État français est-il libre de ses choix de politique économique ?

Pour répondre à cette question, définissons tout d'abord la notion de politique économique. La politique économique est l'ensemble des interventions des administrations publiques sur l'activité économique pour corriger les déséquilibres (inflation, chômage, déficit public...).

I. La liberté d'action de la France en matière de politique économique est limitée

Le Pacte de stabilité et de croissance des Européens, puis le traité sur la stabilité et sa « règle d'or » (ne pas dépasser un déficit de 0,5 % du PIB sous peine de sanctions financières) réduisent la possibilité pour les gouvernements de mener des politiques de relance keynésiennes, et peuvent même les obliger à mettre en œuvre des politiques de rigueur, comme en Espagne par exemple.

Concernant sa politique budgétaire, la France fait face à un haut niveau de prélèvements obligatoires (46 % du PIB en 2013). Le financement du déficit public par une hausse d'impôts paraît par conséquent difficile. En effet, ce niveau d'imposition, déjà jugé excessif par certains, pourrait décourager la création d'entreprise et faire fuir à l'étranger un certain nombre d'agents économiques, tout en ayant un impact limité sur les recettes fiscales. Trop de prélèvements favorise le travail au noir et

la fraude fiscale. Le niveau de la dette française est important (95,1 % du PIB fin 2014, soit environ 1950 milliards d'euros).
Comme tout emprunteur, en contrepartie de l'argent qu'on lui prête, la France verse des intérêts. La charge d'intérêts des administrations publiques représente plus du double de l'effort budgétaire consacré à la recherche et à l'enseignement supérieur. En outre, si les intérêts que doit payer l'État sont supérieurs à la croissance du pays, il devient impossible de payer la dette, qui s'alourdit chaque année. On parle d'effet « boule de neige ».
La charge de la politique monétaire n'appartient plus à l'État français. La Banque centrale européenne est indépendante et gère la politique monétaire unique pour l'ensemble des 18 pays de la zone euro. En outre, il n'y a pas vraiment de coordination entre la BCE et les gouvernements des pays membres qui, chacun à leur niveau, sont en charge de la politique budgétaire propre à leur pays. Par conséquent, si, comme actuellement, la BCE mène une politique monétaire de relance (taux d'intérêt bas pour relancer l'activité), mais que les États mènent des politiques d'austérité (pour réduire leurs déficits), alors les effets de ces politiques risquent d'être contradictoires et de s'annuler.

II. La lutte contre le chômage structurel

La France emprunte à des taux d'intérêt à dix ans historiquement bas. Elle a même emprunté à des taux négatifs à court terme. Cette situation lui permet de garantir la soutenabilité de sa dette, même en cas de croissance relativement faible, ce qui est une bonne nouvelle pour le budget. En effet, cela réduit le coût du service de la dette (en 2012, plus de 2 milliards d'euros ont ainsi été économisés par rapport aux prévisions). Les taux bas vont donc redonner à la France des marges de manœuvre budgétaires.
Les traités signés par la France et l'engageant sur des règles d'équilibre budgétaire ne lui suppriment pas toute marge de manœuvre en termes de politique budgétaire. Ces traités visent justement à redonner une certaine liberté d'action aux gouvernements. Le but étant d'équilibrer son budget lorsque l'activité est normale afin d'avoir la capacité de mener des politiques de relance efficaces en période de récession. Difficile de conduire une politique de relance lorsque les caisses sont déjà vides en période d'activité normale.

Les marges de manœuvre de la France se sont restreintes au cours des dernières décennies, notamment en raison des contraintes inhérentes à la zone euro et de l'abandon, au profit de la BCE, de sa politique monétaire.
Toutefois, l'appartenance à la zone euro lui offre une crédibilité qui lui assure des taux d'intérêt bas et lui permet d'espérer de meilleures marges de manœuvre dans les prochaines années.

Sujet zéro du ministère, février 2012

Questions

À partir de vos connaissances et de la documentation fournie en annexe :

1 Distinguez les modèles de protection sociale fondés sur une logique d'assurance, de ceux construits sur une logique d'assistance.

Cette question 1 porte sur la notion de protection sociale et sur ses mécanismes. Les logiques de la protection sociale ont été étudiées dans le thème 8 : « Quelle est l'efficacité de l'intervention sociale de l'État ? ».

Pour rappel, la politique sociale poursuit des objectifs de réduction des inégalités, de justice et de solidarité sociales, dans un contexte où l'exclusion et la pauvreté demeurent.

Les institutions de la protection sociale française se divisent en trois groupes :

- la Sécurité sociale, qui fournit la couverture de base contre les principaux risques sociaux ;
- les régimes complémentaires santé (les mutuelles) et retraites, qui assurent un complément de couverture ou de retraite à ceux qui y cotisent ;
- l'Unedic, qui gère les indemnités de chômage.

Historiquement, l'intervention de l'État a permis progressivement la prise en charge des risques sociaux et une certaine réduction des inégalités. On s'interroge cependant régulièrement sur son efficacité.

La réponse à cette question s'appuiera essentiellement sur vos connaissances, les annexes ne traitant pas de la distinction entre ces deux modèles de protection sociale. Les modes de financement et les individus concernés par les différents modèles seront à souligner plus particulièrement.

2 Précisez les raisons ayant entraîné une hausse des dépenses de protection sociale.

L'annexe 1 vous offre les pistes nécessaires pour expliquer l'évolution des dépenses de protection sociales illustrées dans le graphique de l'annexe 2.

Les principales dépenses de la Sécurité sociale sont actuellement la perte d'autonomie et les retraites liées au vieillissement des Français. Ce point est développé dans l'ensemble du premier paragraphe de l'annexe 1. Le chômage de masse est indiqué une seule fois dans le second paragraphe. C'est sans source documentaire que vous devrez faire le lien entre augmentation du chômage et hausse des dépenses de protection sociale.

3 Présentez les conséquences d'une hausse des dépenses de protection sociale supérieure à l'accroissement du PIB.

Après avoir établi les causes d'une hausse des dépenses (question 2), vous devez expliquer les conséquences d'une telle hausse, si elle est plus rapide que celle de la richesse créée par le pays.

Vous vous appuierez sur les thèmes 8 et 9 du programme : « Quelle est l'efficacité de l'intervention sociale de l'État ? » et « L'État a-t-il des marges de manœuvre en termes de politique économique ? ». Le thème 8, on l'a vu, aborde le financement de la protection sociale. Le thème 9, sans traiter clairement de la protection sociale, met à votre disposition les notions de déficit public et de dette souveraine. Les dangers liés aux déficits de l'État sont en effet clairement sous-entendus dans la question.

L'annexe 2 permet de constater graphiquement l'augmentation croissante des dépenses de protection sociale, mais également celle des prélèvements obligatoires. Ce lien entre dépenses et fiscalité est également abordé dans l'annexe 3.

4 Présentez les arguments qui permettent de répondre à la question suivante :
« Le financement de la protection sociale pénalise-t-il forcément l'emploi ? »

Avant d'analyser le sujet dans sa globalité, vous devez vous intéresser aux mots-clés du sujet.

La protection sociale et l'emploi sont les notions sur lesquelles vous devez vous interroger dans un premier temps. Elles vous renseignent sur les thèmes du programme à utiliser : « Le chômage résulte-t-il de dysfonctionnements sur le marché du travail ? » et « Quelle est l'efficacité de l'intervention sociale de l'État ? ».

Avec la question 3, vous avez compris le poids du financement de la protection sociale sur la compétitivité des entreprises, et donc sur l'emploi. La compétitivité est la capacité d'une entreprise à faire face à la concurrence. Ici, nous nous intéresserons principalement à la compétitivité face à la concurrence étrangère. On distingue la compétitivité prix, qui repose sur la capacité d'une entreprise à vendre à un prix inférieur à celui de ses concurrents, et la compétitivité hors prix, qui porte sur la nature du produit proposé par l'entreprise : sa qualité, ses délais de livraison, sa technologie... par rapport aux produits concurrents.

Il s'agit dans votre réponse de présenter les arguments qui montrent que la protection sociale est un obstacle à l'emploi, car il nuit à la compétitivité des entreprises. Puis ceux qui, au contraire, exposent que la protection sociale peut être favorable à l'emploi en encourageant la consommation et la demande ou la compétitivité des entreprises.

Annexes

Annexe 1

Les fragilités de notre modèle de protection sociale

Le vieillissement de la population pose un défi à notre système de protection sociale, tant sur les assurances à offrir que sur les modes de financement.

Augmentation du nombre de départs à la retraite, perte d'autonomie, développement des maladies chroniques et dégénératives..., le vieillissement transforme en profondeur notre protection sociale. Tant sur la nature des assurances qu'elle doit offrir que sur ses modes de financement. Ainsi, au-delà de la création de protections face à de nouveaux risques

tels que la perte d'autonomie, les retraites constituent aujourd'hui la principale dépense de la Sécurité sociale.
Depuis trente ans, l'ensemble des prestations sociales ne cesse d'augmenter pour représenter plus d'un tiers du produit intérieur brut (PIB). Le mode de financement de la protection sociale, qui repose à plus des deux tiers sur les cotisations prélevées sur les salaires, se heurte à la baisse de la part des actifs occupés dans la population. Outre le vieillissement, la persistance d'un chômage de masse sape les bases d'un modèle de protection universelle financée par les salariés. Ces deux tendances pèsent en effet à la fois sur les dépenses de la Sécurité sociale, par une augmentation des besoins des assurances vieillesse et chômage, et sur ses recettes, par la diminution mécanique de la base de prélèvements qu'ils entraînent.

Annexe 2

Évolution des dépenses de protection sociale et des prélèvements obligatoires (en % du PIB)

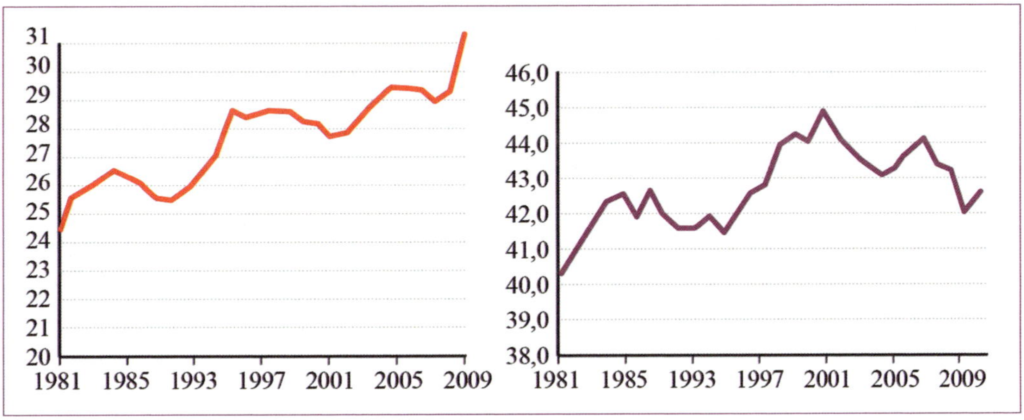

Annexe 3

Sauver la Sécurité sociale et nos emplois : c'est possible, maintenant !

Le financement de la Sécurité sociale joue aujourd'hui contre l'emploi. Non seulement il ne suffit pas à couvrir les dépenses, mais il pèse sur le coût du travail, la compétitivité et l'emploi [...]
Lorsque l'on évoque la réforme du financement de la protection sociale, on parle pour l'essentiel des cotisations maladie et famille. Tout simplement parce que ces cotisations assises sur les salaires financent des prestations universelles, pour tous les Français, qu'ils

travaillent ou non. Elles sont très lourdes : 13,5 % du salaire total pour les cotisations patronales maladie, 0,75 % pour les cotisations salariales maladie, 5,4 % pour les cotisations famille. Elles pèsent très fortement sur le coût du travail et de surcroît de façon très progressive, compte tenu des allègements de charges sur les bas salaires. Elles pénalisent gravement l'emploi.

Partant de là, il y a deux écoles. Grossièrement, la première estime, puisqu'il s'agit essentiellement du financement de prestations universelles, qu'il convient d'en transférer la charge à l'ensemble des Français, par une augmentation de la TVA ou de la CSG.

La seconde école met, elle, plutôt l'accent sur la nécessaire participation des entreprises au financement de notre modèle social. En effet, les entreprises ont intérêt à ce que leurs salariés bénéficient de droits sociaux, fussent-ils universels. Les entreprises ont aussi intérêt à une politique familiale dynamique [...].

Si, jusqu'ici, la réforme du financement de la protection sociale n'a pas abouti, ce n'est pas seulement en raison de ces oppositions de principe, voire idéologiques. C'est que tous les experts et tous les gouvernements ont cherché la recette miracle : « le » prélèvement qui serait tout à la fois favorable à l'emploi, au pouvoir d'achat des salariés, à la compétitivité des entreprises, à la croissance, et cela... sans provoquer d'inflation, ni de transferts de charge entre secteurs d'activité, ni naturellement de délocalisation d'entreprises. Malheureusement, ce prélèvement miracle n'existe pas. Résultat : depuis des années, le débat patine, et l'on ne fait rien [...].

Ne cherchons pas le prélèvement de substitution miracle. Tout impôt a des inconvénients. Alors, la seule bonne solution, c'est de remplacer ces cotisations sociales, par un "*mix*" de prélèvements [...] Seul le recours à ce « mix » de prélèvements permettra, ensuite, de franchir des marches supplémentaires dans la réforme du financement de la protection sociale.

(Marie-Claire Carrère-Gée, ancien secrétaire général adjoint de l'Élysée, point de vue, *Lemonde.fr*, 25/04/11.)

Annexe 4

Les performances économique et sociale du système de protection sociale français

La France a construit une protection sociale de bon niveau. Chaque année, 600 milliards de prestations sociales sont redistribuées (31 % du PIB, le plus fort pourcentage de l'Union européenne). Toute la population est couverte en assurance maladie de base (dont 1 million d'assurés sans cotisation) et 4 300 000 Français bénéficient d'une couverture complémentaire « gratuite ». Plus de 15 millions de retraités, près de 7 millions de bénéficiaires d'allocations familiales, 900 000 d'une allocation handicap et 800 000 du minimum vieillesse.

Ces prestations sociales contribuent de façon déterminante au niveau de vie et de consommation des ménages. De plus, elles concourent à la réduction des inégalités, ainsi le

Conseil des prélèvements obligatoires vient-il d'affirmer que « l'assurance maladie constitue peut-être l'instrument le plus redistributif du système socio-fiscal ». Économique et social se conjuguent pour faire de la protection sociale un facteur essentiel de pouvoir d'achat, mais aussi d'emploi et d'investissement (particulièrement en matière de santé) à travers les budgets des organismes sociaux.

(Source : *Note Sécurité sociale*, Institut Montparnasse, août 2011.)

Annexe 5

La répartition des recettes des administrations de Sécurité sociale par type de prélèvements depuis 1980

En % des prélèvements	**1980**	**1985**	**1990**	**1995**	**2000**	**2005**	**2010**
Cotisations sociales	97,9	97,1	96,4	89,9	72,5	74,3	69,6
Impots	2,1	2,9	3,6	10,1	27,5	25,7	30,4
Dont CSG	0	0	0	5,9	18,8	19,5	18,5
Dont autres impôts	2,1	2,9	3,6	4,2	8,7	6,2	11,9
TOTAL	**100**	**100**	**100**	**100**	**100**	**100**	**100**

(Source : Insee, base 2005. Projet de loi de Finance pour 2012, Rapport sur les prélèvements obligatoires et leur évolution, www.performance-publique.budget.gouv.fr.)

1 Deux logiques peuvent présider à la mise en place d'une politique de protection sociale.
1) Dans une logique d'assurance, le financement s'effectue par des cotisations patronales et salariales obligatoires, en fonction de l'importance des revenus du salarié. En contrepartie du versement par les salariés et les employeurs de cotisations, les salariés perçoivent éventuellement des indemnités ou des prestations contre certains risques sociaux (par exemple, la maladie, le chômage, la vieillesse). Comme dans tout système d'assurance, lorsqu'un événement couvert se produit, une allocation ou une pension est versée indépendamment du revenu. Dans ce système, il faut un équilibre entre les ressources (cotisations sociales) et les dépenses (allocations, retraites...).
2) Dans une logique d'assistance, le financement s'effectue par l'impôt, et par conséquent sans cotisation préalable perçue par l'État ou les collectivités territoriales. Ce système est mis en place pour toutes les personnes défavorisées ou en grande difficulté qui ne peuvent pas ou plus bénéficier du système d'assurance et qui disposent de ressources très faibles. Le RSA et la CMU en sont des illustrations.

2 Plus la protection sociale est forte, plus son financement doit être élevé, et plus les cotisations prélevées auprès des salariés et des entreprises doivent être conséquentes. Dans cette logique, les dépenses de protection ont beaucoup augmenté en raison de plusieurs facteurs (cf. annexe 2).
D'une part, la hausse des dépenses de protection sociale a une origine conjoncturelle. Depuis la crise de 2008, par exemple, la protection sociale joue un rôle d'amortisseur social. Face à l'augmentation du chômage et de la pauvreté, les systèmes de Sécurité sociale représentent un moyen puissant, mais coûteux, de soutenir le revenu des ménages frappés par la crise et confrontés à la perte de leur emploi. De plus, si la crise a amplifié le chômage, la pauvreté et les indemnités correspondantes, elle réduit également les ressources (les cotisations sociales), du fait de la diminution du nombre de cotisants.
D'autre part, le système français de protection sociale, au-delà de son rôle d'amortisseur en période de crise économique, est confronté au problème structurel du vieillissement démographique. Le vieillissement de la population accroît les dépenses de santé et de retraite, car l'allongement de la durée de vie a multiplié les cas de « perte d'autonomie » et de « maladies chroniques et dégénératives » (cf. annexe 1). Dans le même temps, les pensions de retraite liées aux départs des baby-boomers, l'allongement de la durée de vie des retraités et l'amélioration des techniques médicales, devenues plus onéreuses, ont accru les dépenses.

3 L'avenir de la protection sociale est menacé par le problème de son financement. Une hausse des dépenses de Sécurité sociale supérieure à l'accroissement de la richesse produite par le pays entraîne la nécessité de trouver de nouvelles ressources. Avec des dépenses de protection sociale qui progressent depuis cinquante ans à un rythme plus élevé que la richesse nationale, la solution a été d'augmenter les prélève-

ments obligatoires. Seulement, le poids élevé des impôts et des cotisations sociales, dans un contexte de concurrence internationale, va peser sur le coût du travail et la compétitivité des entreprises. Dans ces conditions, il existe un risque important de voir des entreprises à fort besoin de main-d'œuvre délocaliser. Enfin, la protection sociale pourrait également avoir recours au capital pour produire, au détriment du facteur travail. En outre, le ralentissement de la croissance conduit à une augmentation du nombre de chômeurs, donc à une diminution du nombre de cotisants et des recettes de la Sécurité sociale.

4 La protection sociale, qui intègre à la fois l'assistance sociale et l'assurance sociale (question 1), est en grande partie financée par les cotisations sociales versées par les salariés et les employeurs (cf. annexe 5).

Plus la protection sociale est importante, plus son financement est coûteux et plus les cotisations prélevées vont renchérir le coût du travail. Il convient donc de se demander si le financement de la protection sociale pénalise l'emploi.

Afin de répondre à cette question, définissons tout d'abord la notion de protection sociale. La protection sociale désigne l'ensemble des institutions (Sécurité sociale et mutuelles) et des mécanismes destinés à protéger les individus contre les risques sociaux entraînant une baisse des revenus (chômage, accident, vieillesse) ou une augmentation des besoins (charge d'enfants, dépendance des parents).

I. La protection sociale constitue un obstacle à l'emploi

Toutefois, si la répartition des recettes pose problème, la réduction des dépenses suscite également des difficultés. Les revenus sociaux permettent aux ménages d'alimenter la demande globale. Or, une demande forte, qui pousse les entreprises à anticiper des carnets de commandes bien remplis, peut être une solution au problème du chômage. De plus, il n'existe pas de relation claire entre la baisse du coût du travail et la baisse du chômage, car d'autres facteurs influencent plus fortement le niveau du chômage (problèmes de législation, de formation, de flexibilité du marché du travail...)

La Sécurité sociale est financée de par plusieurs biais (cf. annexe 5). Seulement, des impôts et des cotisations sociales élevés, dans un contexte de mondialisation, posent le problème de la concurrence fiscale entre les pays. Des prélèvements obligatoires importants vont rendre le territoire peu propice aux investissements et aux créations d'entreprises. Les délocalisations peuvent être la conséquence directe de cette concurrence fiscale et d'un coût du travail élevé.

Il en découlera évidemment des pertes d'emplois dans un premier temps, mais également une baisse de la croissance. Ce phénomène est pour l'instant particulièrement préjudiciable pour les salariés peu qualifiés. Les industries textiles et du jouet en sont l'illustration. Dans ces secteurs, où la main-d'œuvre (principalement peu qualifiée) était nombreuse, la France n'a pu rivaliser avec la Chine et ses ouvriers aux salaires très bas.

Enfin, l'augmentation des charges salariales et des impôts, qui touchent le salarié, vont avoir comme effet de diminuer son revenu disponible. La faiblesse de l'écart entre le niveau de revenus procurés par les minima sociaux et les bas salaires peut engendrer ce que l'on appelle une « trappe à inactivité ». Ainsi, le titulaire du minimum de ressources va préférer continuer à toucher une allocation plutôt que de rechercher un travail.

II. La protection sociale peut favoriser l'emploi

Le financement de la protection sociale s'est transformé depuis les années 1980 (cf. annexe 5). Il pèse de moins en moins sur le coût du travail et par conséquent sur la compétitivité des entreprises. En outre, les revenus sociaux français permettent, notamment en temps de crise, un soutien ferme de la consommation (cf. annexe 4), principal moteur de la croissance française. Sans ce soutien à la croissance et à la production des entreprises, la crise de 2008 aurait eu des conséquences encore plus graves sur l'emploi.

Nous avons largement évoqué l'impact de l'augmentation du coût du travail liée à la protection sociale sur l'emploi. La compétitivité des entreprises ne dépend cependant pas uniquement du coût du travail. Certaines productions nationales sont victimes de leur compétitivité hors coût, à laquelle la baisse du coût du travail ne peut rien apporter, comme nous l'avons signalé ci-dessus. Notre déficit commercial est principalement lié aux échanges avec les Allemands, et plus généralement avec les Européens. Et ce sont ces derniers qui sont en grande partie responsables de la dégradation de notre balance extérieure.

Plusieurs de nos voisins ont également des systèmes sociaux généreux et pourtant, certains, à l'image de l'Allemagne, sont de grands pays exportateurs. Certes, les Allemands ont contenu leur coût du travail depuis quelques années. Toutefois, dans l'industrie par exemple, les salaires sont plus élevés en Allemagne. C'est donc principalement en raison de la compétitivité hors coût, et notamment grâce à l'image, à la qualité et à l'innovation technologique de leurs produits que les Allemands ont réussi à maintenir leur position à l'international.

Enfin, la protection sociale améliore le capital humain en permettant d'avoir une main-d'œuvre en bonne santé. Le gain de productivité qui résulte d'une meilleure santé et d'une qualification élevée permet d'améliorer la compétitivité et de développer l'innovation.

Le coût du travail est élevé en France car un niveau important de charges sociales pèse sur les entreprises. Cela peut dissuader un employeur d'embaucher, le pousser à substituer du capital au travail ou à délocaliser. Dans cette optique, un déplacement du coût de la protection sociale des cotisations vers les impôts peut, là encore, être une solution aux problèmes de l'emploi et de la compétitivité de l'économie française (cf. annexe 3).

Toutefois, si la répartition des recettes pose problème, la réduction des dépenses suscite également des difficultés. Les revenus sociaux permettent aux ménages d'alimenter la demande globale. Or, une demande forte, qui pousse les entreprises à anticiper des carnets de commandes bien remplis, peut être une solution au problème du chômage. De plus, il n'existe pas de relation claire entre la baisse du coût du travail et la baisse du chômage, car d'autres facteurs influencent plus fortement le niveau du chômage (problèmes de législation, de formation, de flexibilité du marché du travail...).

Sujet national, juin 2013

Repetto : le savoir-faire d'une organisation

Pour se développer, l'entreprise doit savoir allier innovation et maintien de son savoir-faire traditionnel.

Vous analyserez la situation de management présentée dans les annexes 1 à 7 en effectuant les travaux suivants :

1 Caractérisez l'organisation Repetto, puis l'organisation région Aquitaine.

Cette question est très classique dans les sujets de management et vise à vérifier que le candidat identifie rapidement les caractéristiques des organisations. Il faut les repérer dans les différentes annexes et les reporter de façon synthétique. Une présentation sous la forme d'un tableau sera très appréciés des correcteurs.

2 Présentez les avantages concurrentiels de Repetto.

Il faut ici repérer les points forts de l'entreprise et donner les raisons pour lesquels il s'agit d'avantages concurrentiels, c'est-à-dire d'éléments propres à Repetto qui lui permettent de garder « des longueurs d'avance » sur ses concurrents.

3 Identifiez les objectifs stratégiques assignés à Repetto par Jean-Marc Gaucher.

Les objectifs stratégiques ont des caractéristiques propres (objectifs plutôt à long terme, fixés au niveau de la direction, mis en œuvre avec des moyens importants pour les atteindre...) qu'il faudra préciser pour justifier vos propositions.

4 Présentez le problème de management rencontré par Repetto pour répondre à son objectif de croissance.

Il faut ici identifier le problème de management, qui est lié à la gestion des ressources humaines.

5 Exposez la solution retenue et les avantages de cette solution respectivement pour Repetto et pour la région Aquitaine.

La solution retenue est facile à repérer, mais pour répondre efficacement à cette question, il faut bien veiller à montrer l'intérêt de la solution pour ces deux organisations, au regard de leurs différentes finalités.

6 Montrez que cette solution contribue à la finalité de chacune de ces deux organisations.

Les avantages développés à la réponse précédente doivent être « traduits » en termes de finalités. Pour Repetto, il faut revenir à la notion de profit et de pérennité, mais pour la Région Aquitaine, il faudra insister sur son rôle dans le développement économique du territoire, dans l'éducation et l'emploi...

Annexes

Annexe 1

Jean-Marc Gaucher, il ne sait rien faire... sauf faire gagner Repetto

Repetto en chiffres

- Société par actions simplifiée (SAS) au capital de 1 634 055,28 €.
- 50 milions d'euros de chiffre d'affaires annuel.
- Une unité de production en Dordogne (Saint-Médard-d'Excideuil).
- 270 salariés, dont 150 à Saint-Médard-d'Excideuil.
- 1 700 paires de chaussures produites chaque jour.
- 3 000 m^2 : programme en cours d'agrandissement de l'usine.
- 9 boutiques en France, 22 points de vente dans de grands magasins et 12 magasins en Asie.

Depuis 1999, le Parisien Jean-Marc Gaucher est propriétaire de la marque Repetto. Un autodidacte qui a su, en s'entourant, rendre à la marque française de produits chaussants (dont les célèbres chaussons et ballerines de danse) et de vêtements un rang économique en rapport avec son image. La trajectoire professionnelle de Jean-Marc Gaucher est tout sauf traditionnelle [...]. « J'ai échoué au CAP de monteur-câbleur. Je n'ai aucune autre formation scolaire et professionnelle. » Ce qui n'empêchera pas le passionné de course à pied de réaliser son rêve : « Ne pas avoir de patron ! »
Après un parcours ponctué de petits jobs, il va en avoir l'occasion alors qu'il travaille pour la télévision, en tant que technicien. « J'ai été sollicité par la marque américaine d'articles de sport Reebok® [...] Elle souhaitait passer par moi pour trouver un distributeur pour la France ; j'ai proposé de le faire... pendant mes jours de récupération. » Des jours de récupération qui vont rapidement laisser la place à un métier à plein temps... sans véritable patron au-dessus de lui, et ce, pendant dix-sept ans. À l'issue d'une belle aventure, « l'homme qui ne voulait pas avoir de patron » décide de s'offrir « une belle marque, Repetto, qui avait l'avantage d'être mal en point et donc pas trop chère ». Il lui faut tout de même deux ans et demi pour convaincre les banquiers. Mais en 1999, c'est une marque exsangue, qui perd 1,5 million de francs (229 000 euros) chaque année, et dont les dettes s'élèvent à 100 millions de francs (15 milions d'euros), que reprend finalement Jean-Marc Gaucher. « L'usine de Saint-Médard-d'Excideuil comptait 180 personnes à l'époque. J'ai dû tout réorganiser, licencier, bâtir une stratégie... » Et ça marche. Repetto sort, au bout de trois ans seulement, du plan de continuation initialement prévu pour huit ans. Aujourd'hui, l'usine de Saint-Médard-d'Excideuil compte 130 salariés, « payés au moins 28 % au-dessus du Smic ». [...] Commercialement, le réseau s'étoffe de semaine en semaine : 9 magasins en France, 12 en Asie, une présence dans les plus grands magasins du monde. Repetto, sous la houlette de son équipe, a retrouvé son lustre d'antan. [...] Le chiffre d'affaires atteint aujourd'hui 50 millions d'euros environ. Pour cela, Jean-Marc Gaucher et

son équipe ont su créer un modèle pour contrer la concurrence, notamment celle des pays à bas coûts. « Nous renouvelons un tiers de notre collection tous les deux mois. Notre savoir-faire, unique, et notre réactivité nous permettent de produire des petites séries de manière très compétitive. Nos clientes adorent cela. » [...] Seul aux commandes, Jean-Marc Gaucher compte le rester longtemps. « Des propositions de rachat, j'en ai tous les jours, mais après avoir tout risqué les premières années, je souhaite profiter du succès, non pour devenir encore plus riche – j'ai plus aujourd'hui que je n'en aurai jamais besoin – mais pour continuer à me lever chaque matin avec plaisir tout en faisant en sorte que l'entreprise continue de rendre heureux les gens qui y travaillent. »

(Source : *Objectif Aquitaine, magazine régional d'information*, juin 2011.)

Annexe 2

Repetto, la métamorphose

Du rose poudré, du tulle et un nom ancré dans l'imaginaire collectif, celui de la danse et de son univers empreint de technicité et de tradition... C'est sur cet héritage que Repetto a su capitaliser pour organiser son repositionnement et sa croissance. Résultat : une stratégie directement inspirée de l'univers du luxe et déployée dans des séries limitées et des exclusivités, une offre renouvelée plusieurs fois par an, une politique d'innovation et de diversification sans faille et une parfaite maîtrise de l'image qui permettent aujourd'hui à la marque de réconcilier tradition et innovation, héritage et modernité. Brigitte Bardot la portait plate et vernie ; Serge Gainsbourg, blanche et pointue. C'était il y a 50 ans. Bien avant que Repetto ne troque son statut de marque technique, réservée à un public de danseurs – professionnels et amateurs – et à quelques rares initiés, pour celui de marque branchée. À l'origine du miracle, Jean-Marc Gaucher, à qui un passé de marathonien avait sans doute donné le goût des défis et le sens de l'effort, et dont la stratégie axée sur une double exigence d'innovation et de diversification aura fait office non seulement d'antidote mais aussi de garantie sur l'avenir. En 1998, elle perd de l'argent depuis des années. Une situation peu enviable qui présente pourtant un avantage. Celui de permettre à son nouveau PDG, Jean-Marc Gaucher, de la racheter « pas trop cher ». Ce qu'il fait en juin 1999. Et ce n'est qu'un début. Neuf ans plus tard, le chiffre d'affaires de l'entreprise – qui croît chaque année de 20 à 30 % – devrait passer la barre des 100 millions d'ici 2014. L'entreprise compte quelque 300 salariés et prévoit de tripler sa production sur son site de Dordogne, à Saint-Médard, qui devrait passer de 2 500 à 7 500 paires de ballerines et chaussons fabriqués par jour. Ce produit technique sur lequel elle a construit sa réputation, elle le customise aujourd'hui au moyen d'une stratégie d'innovation sans faille. L'entreprise multiplie les collections et les séries limitées, conformément aux logiques de l'univers du luxe qui joue sur la rareté pour entretenir la curiosité et le désir. Une stratégie de l'image, elle aussi rigoureuse, est menée et soumise à un impératif d'innovation perpétuelle. Véritable clé de voûte de l'édifice Repetto. Sa politique de croissance pousse aujourd'hui Repetto à investir dans la formation de ses salariés, avec l'ouverture d'une école en Dordogne, à proximité du site de Saint-Médard. L'ambition est double : s'assurer la préservation d'un savoir-faire de qualité – avec la technique du cousu-retourné permettant d'assembler les chaussons sans colle – et fidéliser ses salariés.

(Source : *Le Nouvel économiste*, 31 mai 2012.)

Annexe 3

Les chaussons Repetto dansent dans le monde entier

Trop à l'étroit sur son site industriel de Saint-Médard-d'Excideuil en Dordogne, la célèbre marque de ballerines Repetto (30 millions d'euros de chiffre d'affaires en 2010, 270 dont 150 dans l'usine périgourdine) procédera à une extension de l'usine sur 3000 m^2 et compte embaucher 150 personnes sur quatre ans. Rencontre avec Jean-Marc Gaucher, le PDG.

Après avoir envisagé une extension de l'usine hors de la Dordogne, vous avez finalement décidé d'étendre le site. Qu'est-ce qui vous a retenu dans ce département ?

Jean-Marc Gaucher : [...] J'ai décidé de rester en Dordogne parce que j'essaie d'avoir un comportement responsable vis-à-vis des salariés qui travaillent dans l'usine. La région Aquitaine devrait nous aider sur le volet formation des futurs embauchés. Lorsque j'aurai payé de ma poche l'investissement qui se monte à 3 millions d'euros, je m'offrirai des pages de publicité [...]. Ce développement va permettre à l'usine de passer d'une production de 2 000 à 7 000 paires par jour, de disposer d'une nouvelle zone logistique, d'une réorganisation des flux qui nous permettra de gérer trois fois plus de volumes, mais aussi d'une école de formation dédiée au « cousu-retourné » (chaque semelle de cuir est cousue à l'envers avant d'être retournée) qui jouxtera l'usine.

Quelle est la stratégie de développement que vous voulez mener pour Repetto ?

J-M. G. : [...] Faire de Repetto une marque mondiale, une marque de luxe mais pas de mode, avec des produits exclusifs, et être dans des produits les plus techniques pour la danse [...]. Nous allons continuer à nous développer à l'export, en implantant des boutiques en Asie, principalement à Hong-Kong, en Corée du Sud, à Taiwan, Singapour, aux Philippines et au Japon. Courant du 1er semestre, nous visons vingt-cinq ouvertures de boutiques dans cette zone. Par exemple, la semaine prochaine, deux boutiques ouvrent à Taiwan. [...]

Vous n'évoquez pas la Chine dans vos implantations ?

J-M. G. : Nous sommes trop petits pour aller en Chine. Je veux d'abord susciter la demande. De même, je me méfie beaucoup des États-Unis, avec la baisse du dollar. Par contre, nous allons poursuivre nos implantations en Europe. En France, où nous détenons 9 boutiques et 22 corners, nous allons inaugurer deux magasins supplémentaires à Paris. [...]

(Source : www.usinenouvelle.com, 18 mars 2011.)

Annexe 4

Le savoir-faire Repetto

Pour garantir la réussite de l'entreprise, disposer du nombre approprié de salariés ne suffit pas, encore faut-il que ces derniers maîtrisent le savoir-faire unique de Repetto.
Issu de notre savoir-faire « danse », le « cousu-retourné » est un procédé unique de fabrication mis au point par Mme Rose Repetto. Elle créait en 1947 ses premiers chaussons de danse selon cette technique, méthode aujourd'hui utilisée pour la confection de nos chaussures. La semelle est cousue à l'envers avant d'être retournée, apportant confort et souplesse inégalés. Les chaussons de danse et les ballerines de ville sont conçus dans nos ateliers de Saint-Médard-d'Excideuil par nos artisans façonniers dans la tradition de notre savoir-faire.
Les cuirs. Tout en respectant nos traditions, nous avons adapté notre savoir-faire « maison » aux exigences du XXIe siècle. Nos artisans façonniers sélectionnent les plus belles peausseries et les assemblent pour créer des ballerines reconnues partout dans le monde.
Les pointes. La pointe Repetto, produit emblématique de la maison, répond depuis toujours aux exigences des danseurs. Repetto légitime son savoir-faire avec un programme de pointes sur mesure unique en France. Depuis 2005, un partenariat recherche et développement avec l'université technologique de Compiègne a permis de mettre au point une pointe insonore et sans douleur.
Les talons. Les différentes lignes de chaussures à talon Repetto racontent des histoires de danse en se réappropriant un vocabulaire maison très spécifique.

(Source : www.repetto.fr/savoir-faire-repetto.)

Annexe 5

Repetto inaugure sa propre école de formation et muscle son programme d'embauches

La marque de ballerines Repetto a inauguré le 20 janvier sa propre école de formation, en Dordogne. Forte d'un savoir-faire unique dans les métiers du cuir et du luxe, Repetto a décidé de recourir à une formation de pré-recrutement des futurs salariés. L'objectif étant qu'ils maîtrisent un premier savoir-faire avant de prendre un poste de fabrication. C'est ainsi que l'entreprise, fortement épaulée par le Conseil régional d'Aquitaine, s'est dotée de son propre centre de formation. Pour l'heure, il est implanté dans le lycée professionnel de Chardeuil à Coulaures, en Dordogne. Recrutés par Pôle Emploi, les stagiaires s'exercent à la technique du « cousu-retourné » [...]. La région Aquitaine a apporté son appui en finançant les équipements du centre de formation, les parcours de pré-qualification des demandeurs d'emploi, et la formation de professionnalisation des salariés. La collectivité a ainsi déboursé 330 000 euros sur une enveloppe globale de 500 000 euros. Une dizaine de stagiaires a été formée en 2011. Une vingtaine le sera en 2012. La formation s'étalant pour chaque stagiaire sur 18 semaines.

(Source : www.usinenouvelle.com, 23 janvier 2012.)

Annexe 6

Les compétences de la Région

La Région est la plus grande collectivité territoriale. Les compétences de la Région sont surtout centrées sur le développement et l'aménagement du territoire. Suite à la loi du 13 août 2004, la Région apparaît comme la collectivité bénéficiant des transferts de compétences les plus importants. Dans le domaine du développement économique, la Région est compétente en matière de planification, de programmation des équipements et d'aménagement du territoire :

- gestion des aides directes ou indirectes aux entreprises pour les inciter à s'implanter sur le territoire régional ;
- gestion des transports régionaux de voyageurs, notamment ferroviaires (réseau des trains express régionaux, TER), et participation au financement des infrastructures, comme la construction de nouvelles lignes de TGV.

La Région est également compétente dans le domaine de l'éducation et de la formation professionnelle :

- mise en œuvre des actions de formation professionnelle continue et d'apprentissage, ce qui inclut l'insertion des jeunes en difficulté et les formations en alternance ;
- construction, entretien et fonctionnement des lycées d'enseignement général et des lycées et établissements d'enseignement agricole.

Par la loi du 27 février 2002, des compétences nouvelles, qui appartenaient jusque-là à l'État, sont transférées de manière expérimentale aux Régions :

- protection du patrimoine ;
- développement des ports maritimes et des aérodromes ;
- mise en œuvre d'un plan régional pour la qualité de l'air et classement des réserves naturelles régionales.

(Source : www.vie-publique.fr/decouverte-institutions.)

Annexe 7

La région Aquitaine et la formation professionnelle

Depuis 2005, les nouvelles dispositions dictées par les lois sur les libertés et responsabilités locales du 13 août 2004 et par la loi de cohésion sociale du 18 janvier 2005, ont conduit à l'accentuation des compétences de la Région en la plaçant comme acteur central de la politique de formation professionnelle et de l'apprentissage. La formation professionnelle est un outil fondamental dans la lutte régionale pour l'emploi. Elle est un levier pour l'emploi des jeunes. [...]

Aide à la formation des salariés en entreprise

Le Conseil régional soutient les plans de formation des entreprises dans le cadre de leurs stratégies de développement économique. Il s'agit d'améliorer les compétences des salariés confrontés à des mutations économiques, technologiques ou organisationnelles. Deux types de formation sont alors soutenus :

- les formations générales qui procurent des qualifications transférables à d'autres entreprises ou à d'autres domaines de travail ;
- les formations spécifiques qui sont liées à l'activité spécifique de l'entreprise.

Ces aides à la formation s'adressent en priorité aux petites, moyennes et très petites entreprises (TPE) d'Aquitaine du secteur industriel avec une attention particulière pour les salariés de faible niveau de qualification. La Région participe ainsi au financement des coûts pédagogiques liés aux formations en fonction de la taille de l'entreprise, de la nature de la formation et des publics.

(Source : www.aquitaine.fr/politiques-regionales/formation-apprentissage.)

1

	Repetto	Région Aquitaine
Type	Entreprise industrielle	Organisation publique
Statut juridique	Société par actions simplifiée (SAS)	Collectivité locale
Métier/Mission	Produire et vendre des produits chaussants (en particulier des chaussons de danse et des ballerines) et des vêtements.	Plusieurs missions sont dévolues à la Région dans les domaines du développement économique (aménagement du territoire...), de l'éducation et de la formation professionnelle, la protection du patrimoine... Le transfert des compétences de l'État vers les collectivités locales accroît le champ de compétences des régions.
Taille	270 salariés et 50 millions d'euros de CA annuel.	
Ressources	**humaines** : salariés. **financières** : 1 634 055,28 euros de capital social. **matérielles** : une usine en Dordogne, 9 boutiques et 22 corners dans des grands magasins en France. **immatérielle** : la marque Repetto « ancrée dans l'imaginaire collectif » et à très forte image (d'après l'annexe 2).	
Finalité	Faire du profit et assurer sa propre pérennité.	Assurer des missions de service public, gérer le patrimoine et les équipements de la région Aquitaine pour garantir le bien-être de ses habitants, dans le souci de l'intérêt général et dans une logique de service public.

2 Un avantage concurrentiel est la maîtrise par l'entreprise d'un savoir-faire, d'un approvisionnement ou d'une ressource qui lui permet d'occuper pendant un certain temps une position forte sur son marché. Dans le cas de Repetto, nous pouvons identifier plusieurs avantages concurrentiels :

- un savoir-faire technique exclusif, le « cousu-retourné » ;
- une remarquable capacité d'innovation (un tiers de la collection renouvelé tous les deux mois), appuyée en particulier sur un partenariat R&D avec l'université de Compiègne ;
- une marque forte et à très bonne image, Repetto, « ancrée dans l'imaginaire collectif ».

3 Les objectifs stratégiques sont les objectifs fixés à moyen ou long terme par le (ou les) dirigeant(s) et qui orientent de façon significative et peu réversible l'activité de l'entreprise. Dans le cas de Repetto, ces objectifs sont exprimés par M. Gaucher dans son interview et dans l'article fourni en annexe 5. On peut citer :
- un accroissement des ventes et par conséquent de la production (passer de 2 000 à 7 000 paires/jour) ;
- la volonté de développer des produits très techniques pour la danse ;
- la volonté de sécuriser et maintenir son avantage concurrentiel technique (le fameux « cousu-retourné ») en créant une école de formation pour les futurs salariés ;
- un fort développement à l'export, en Europe et surtout en Asie, pour faire de Repetto une marque mondiale.

4 L'objectif de croissance de l'entreprise Repetto est défini dans la stratégie mise en place qui est une stratégie de diversification et d'innovation permanente. Repetto propose donc des produits sans cesse renouvelés, plusieurs collections par an, et de qualité. Elle doit donc détenir des ressources humaines de qualité et formées à ce type de production, notamment la technique du « cousu-retourné ».
Le problème de management rencontré par l'entreprise Repetto est donc l'inadéquation entre les besoins grandissants en termes de main-d'œuvre de l'entreprise et la demande de travail sur le marché de la chaussure. En effet, l'entreprise Repetto a besoin de 150 salariés sur les quatre années à venir, salariés qui doivent maîtriser leur technique de fabrication. Cela permettra ensuite de faire croître le chiffre d'affaires de l'entreprise, notamment grâce à son développement à l'international.

5 La solution retenue pour répondre à ce problème de management est la création d'une école de formation en Dordogne.

Avantages pour l'entreprise Repetto, cette solution permet :
- le pré-recrutement et la formation spécifique des futurs salariés pour leur assurer la maîtrise du savoir-faire requis par les métiers de Repetto ;
- de conserver l'avantage concurrentiel (savoir faire) sur le marché de la chaussure, et de participer au développement du territoire ;
- de développer l'employabilité du personnel et d'accroître ainsi leur motivation ;
- d'assumer sa responsabilité sociale en formant du personnel particulièrement fragilisé sur le marché du travail et en participant au développement économique local ;

– d'obtenir un coût relativement réduit puisque la région assume une grande partie des frais liés au centre de formation.

Cette solution facilite son choix de rester dans la région Aquitaine et de revendiquer par la suite son implantation française (argument commercial du « made in France », image haut de gamme des produits français).

Avantages pour la région Aquitaine, cette solution permet :

– de développer la dynamique économique du territoire (emplois directs, indirects...) qui correspond à une compétence forte de la Région ;
– de conserver une entreprise française sur le territoire régional (pas de délocalisation) ;
– de créer des emplois et de placer des demandeurs d'emplois.

6 La finalité de l'entreprise Repetto est de faire du profit pour notamment assurer sa pérennité. La création de l'école de formation va lui permettre de disposer d'une main-d'œuvre qualifiée et rapidement opérationnelle dans l'entreprise, ce qui permet à Jean-Marc Gaucher d'atteindre ses objectifs stratégiques de développement et de croissance de l'entreprise, ainsi que son ouverture à l'international.
La finalité de la région Aquitaine est de servir l'intérêt général à travers ses missions de service public. La création de l'école de formation participe à l'élévation du niveau de compétences des individus, ainsi qu'à la création d'emplois en Dordogne. Elle assume donc pleinement ses missions liées à l'attractivité du territoire, à l'éducation, à l'emploi et à la formation professionnelle.

Inde, mai 2013

Le centre de loisirs « Les Néréides »

Toute organisation agit dans le cadre de sa finalité, mais pour assurer ses missions, elle doit prendre en compte les attentes de ses partenaires.

Vous analyserez la situation de management présentée dans les annexes 1 à 6 en effectuant les travaux suivants :

1 Caractérisez l'organisation « commune de Joligny » (forme, type, champ d'action géographique, ressources, finalité).

Il s'agit d'une question très classique de l'épreuve de management. Elle ne comporte pas de difficulté particulière, si ce n'est de repérer les différents éléments caractéristiques de l'organisation disséminés dans les annexes.

Une présentation sous forme de tableau est vivement conseillée.

2 Qualifiez la décision prise le 2 mars 2013 par le conseil de la Communauté de communes du Sud-Berry. Justifiez votre réponse. Présentez le processus de validation de cette décision.

L'intérêt de cette question, assez classique, est d'évaluer la capacité des candidats à distinguer les décisions opérationnelles (fréquentes et prises à un niveau de responsabilité limité, niveau « exécutif ») des décisions stratégiques.

La justification est importante et doit mettre en évidence les caractéristiques de la décision stratégique : décideurs, effets dans le temps de cette décision, importance des moyens engagés, caractère unique de la décision.

3 Quels sont les objectifs stratégiques de ce projet ? Montrer qu'ils sont cohérents avec la finalité de la Communauté de communes du Sud-Berry.

Il faut ici repérer les objectifs stratégiques de l'organisation (notion du programme de Première) et surtout montrer qu'ils s'inscrivent dans les finalités, ici économiques, des organisations publiques.

Les sujets de management mettent en effet de plus en plus en évidence le rôle des collectivités locales dans le développement économique et social des territoires (insertion des demandeurs d'emplois, soutien aux pépinières d'entreprises...).

4 Identifiez l'ensemble des parties prenantes concernées par cette décision et présentez leurs intérêts respectifs.

La notion de parties prenantes permet ici de vérifier que le candidat identifie bien les différentes organisations et acteurs du contexte, et surtout leurs finalités respectives. Leurs intérêts respectifs doivent être justement analysés par rapports à ces finalités (réaliser du profit pour les entreprises, défendre des intérêts particuliers pour une association...).

5 Mettez en évidence le problème de management rencontré par le maire de Joligny.

Le problème de management est ici un problème directement lié aux parties prenantes. Pour les collectivités locales, il s'agit souvent, et c'est encore le cas ici, de l'opposition d'une partie des administrés.

Annexes

Annexe 1

Présentation de la commune de Joligny

La commune de Joligny est située dans le département du Cher (18) et compte, en 2013, 11 346 habitants. Sur un territoire de 937 hectares, la commune accueille sur le territoire une trentaine de commerces, deux écoles, une bibliothèque, une salle polyvalente et un complexe sportif composé d'une salle omnisports et de trois terrains extérieurs. La commune dispose également d'un parc d'activités regroupant une dizaine d'artisans ainsi que le centre technique municipal.

Patrimoine culturel et naturel :

- deux châteaux du XIVe siècle ;
- une fontaine du XVIIe siècle ;
- un parc naturel géré par la commune : les marais du Penseur ;
- des vignobles classés ;
- espaces verts entretenus par les employés communaux.

Conseil municipal :
composé de 44 membres – le maire, Alexis Marie, 10 adjoints et 33 conseillers municipaux – , il se réunit une fois par mois et les réunions sont annoncées par voie de presse, par affichage à l'hôtel de ville et sur le site Internet de la commune. Le budget annuel s'élève à 5,3 millions d'euros pour les dépenses de fonctionnement et 1,8 million d'euros pour les dépenses d'investissement. La commune emploie 250 personnes.

Annexe 2

Extraits du site de la Communauté de communes du Sud-Berry (CCSB)

La CCSB regroupe 19 communes. Elle est représentée par sa présidente, Madame Ingrid MONNAIS, et a pour vocation d'organiser un espace de solidarité pour le développement de projets communs d'aménagement qui seraient hors de portée de chaque commune prise isolément. Son siège est situé à Bourg-en-Berry, à 45 kilomètres de Joligny. Le conseil communautaire est l'organe décisionnaire de la CCSB. Chaque commune adhérente est

représentée par son maire accompagné d'un adjoint. Ses décisions s'imposent à l'ensemble des communes adhérentes.
Les compétences attribuées à la CCSB sur les 19 communes :

- ramassage et traitement des déchets et ordures ménagères ;
- développement économique ;
- transport collectif ;
- action sociale ;
- animation culturelle et sportive.

Le financement de son budget est assuré par la participation financière des communes adhérentes (65 %) et par des subventions diverses (35 %).

Annexe 3

Un projet de centre aquatique, « Les Néréides »

Le projet de construction du centre aquatique a été débattu par chaque conseil municipal. 17 communes l'ont approuvé et 2 l'ont rejeté. Le conseil communautaire de la CCSB, qui s'est réuni le 2 mars 2013, a donc entériné ce projet qui verra le jour selon le calendrier établi.
Description du projet :

- un bassin sportif de 400 m^2 ;
- un bassin familial en trois parties de 200 m^2 ;
- un bassin « santé-forme » ;
- un espace zone de détente et soins du corps avec spas, hammams, saunas de 400 m^2 ;
- une piscine extérieure ;
- solariums et jeux aquatiques.

Ce futur centre répondra pleinement aux attentes des 26 000 habitants des 19 communes qui composent la Communauté de communes du Sud-Berry. Ces communes réparties sur un territoire à dominante rurale sont souvent éloignées des équipements de type « piscine », dont les plus proches sont situés aujourd'hui à plus de 15 km. Sur un site de deux hectares à Bourg-en-Berry, le centre aquatique occupera une position centrale dans le territoire. Lieu de loisirs et de détente, il accueillera les groupes scolaires et les sportifs, ainsi que les individuels et les usagers de l'espace forme. La population du Sud-Berry ne cesse d'augmenter. Or, les 19 maires de la Communauté de communes ont obligation de trouver des créneaux horaires pour que les écoliers, dès 7 ans, apprennent à nager. Les équipements actuels sont éloignés et saturés, une nouvelle piscine s'avère nécessaire. Le territoire se caractérise par une forte proportion d'habitants âgés de 40-59 ans, disposant d'un pouvoir d'achat supérieur à la moyenne et très sensible aux produits de bien-être et de soins du corps. Il y a une volonté politique forte de soutenir le sport et de renforcer

l'attractivité du territoire. Un tel complexe constituerait un véritable outil de développement touristique et donc économique. L'inauguration du centre aquatique est prévue au 1er trimestre 2014.
Cet équipement représente un investissement de 15 millions d'euros dont le financement sera assuré par :

- des subventions de l'État (25 %) ;
- des subventions européennes (25 %) ;
- des subventions du conseil régional (25 %) ;
- une participation de la CCSB (25 %).

(Communiqué de presse de la CCSB du 5 mars 2013.)

Annexe 4

Extrait du compte rendu de la réunion du conseil municipal de Joligny du 23/09/2012

Point 1 de l'ordre du jour : La CCSB nous demande de voter pour la participation de la commune au financement du Centre aquatique.
Après présentation du dossier par le maire et par l'adjoint aux finances, le vote a donné les résultats suivants :

- pour : 37 voix ;
- contre : 10 voix ;
- abstention : 7 voix. [...]

Annexe 5

Pétition contre le projet de centre aquatique publiée sur petitionpublique.fr

À destination de : mairie de Joligny
NON à la construction du centre aquatique à Bourg-en-Berry
Le projet d'ouverture d'un centre aquatique est séduisant sur le papier. Nos élus l'ont approuvé sans nous concerter mais ont-ils bien réfléchi à toutes les conséquences pour les habitants de Joligny ?
Qui, au final, va financer ce projet pharaonique ? Les subventions obtenues s'élèvent à 75 % du montant total du projet mais il reste donc un montant important à la charge de la Communauté de communes. Et nous le savons tous, le coût réel est toujours nettement supérieur au coût annoncé. Les 15 millions prévus au départ atteignent déjà les 20 millions un an après. Qu'en sera-t-il dans un an ? Ne nous leurrons pas ! Ce sont les habitants de Joligny qui paieront l'addition !

Cette hausse des impôts prévisible est inacceptable. Beaucoup de foyers ne peuvent se le permettre, d'autant plus que ce centre sera construit à 45 km de chez nous et nous n'en profiterons pas directement.
Pour être mieux écouté, rejoignez l'association ACCN (Association contre le centre nautique) comme l'ont déjà fait 20 % de la population.

Annexe 6

Entretien avec Alexis Marie, maire de Joligny

La journaliste : M. le maire, vous devez faire face actuellement à un mouvement de contestation d'une partie de vos administrés au sujet du centre aquatique. Les avez-vous entendus ?

A. M. : Bien entendu. Je suis toujours à l'écoute de mes concitoyens. Je pense que ces personnes ne disposent pas de toutes les informations. Les services financiers de la commune ont réalisé des calculs pour mesurer l'impact du projet sur les impôts locaux. L'augmentation est minime. D'ailleurs, pour faire passer cette information, je compte organiser des réunions publiques dans les semaines qui suivent. On ne communique jamais assez et il est temps de mettre fin aux rumeurs.

La journaliste : L'association ACCN indique également que les tarifs d'accès seront trop élevés.

A. M. : Pour un tel niveau de prestations, le prix est plus que raisonnable. Il suffit de comparer avec les prix des centres nautiques des régions voisines. D'autre part, nous pouvons envisager d'établir une grille de prix qui tiendra compte de plusieurs critères comme le lieu d'habitation, la composition de la famille, l'âge...

Le journaliste : Bien. Mais comment comptez-vous rassurer davantage vos administrés ?

A. M. : Il ne faut pas perdre de vue que ce projet, de très grande ampleur certes, sera source de création d'emplois (une trentaine est prévue au démarrage) et permettra de développer le commerce local. Cet équipement participera à l'augmentation de l'attractivité de notre territoire. Plusieurs entreprises devraient s'installer à proximité et générer ainsi de nouvelles ressources financières pour toutes les communes de la CCSB. De plus, nous continuons de réfléchir à l'opportunité de trouver de nouvelles ressources financières pour le budget de cette opération.

(*L'Écho du Cher.*)

1

Type	Organisation publique.
Forme	Collectivité locale (mairie/municipalité).
Champ d'action géographique	Le champ de la commune de Joligny, soit 937 hectares.
Finalité	Assurer des missions de service public et gérer le domaine public (infrastructures, équipements collectifs, écoles...).
Ressources	**humaines** : 250 personnes (fonctionnaires...). **financières** : budget de 7,1 millions d'euros. Ces ressources financières proviennent des impôts et taxes prélevés auprès des contribuables jolignois. **matérielles** : locaux et équipements de la commune.

2 Le conseil de la Communauté de communes du Sud-Berry a décidé le 2 mars, après un débat et un vote, de valider le projet de construction d'un centre aquatique, « Les Néréides ».
Il s'agit d'une décision stratégique parce que :

- elle engage les communes sur une longue période (calendrier de construction) ;
- elle est prise au niveau de la direction de l'organisation ou sommet stratégique : le conseil communautaire de la CCSB ;
- elle a un caractère unique, peu fréquent et difficilement réversible ;
- elle implique la mobilisation de ressources importantes (budget conséquent...).

3 Les objectifs stratégiques sont des objectifs fixés à long terme et permettent de définir un horizon à la stratégie déployée par l'organisation.
Les objectifs de la construction du centre aquatique intercommunal sont multiples : permettre aux écoliers de disposer de créneaux horaires pour la pratique sportive dans le cadre scolaire, proposer aux usagers des communes une infrastructure et un service de qualité susceptibles d'entretenir l'attractivité du territoire, favoriser l'activité économique de la région et les créations d'emplois (construction, fonctionnement du centre aquatique...).
Ces objectifs sont cohérents avec la finalité de la Communauté de communes (assurer des services publics et la gestion de domaine public) parce qu'ils lui permettent de développer une offre de services publics de qualité adaptée aux besoins et au profil de ses usagers (« disposant d'un pouvoir d'achat supérieur à la moyenne et très sensible aux produits de bien-être et de soins du corps »). Pour assurer ses mis-

sions dans les meilleures conditions, les communes doivent développer de véritables stratégies axées sur le développement économique et l'attractivité de leur territoire.

4

Les communes regroupées au sein de la Communauté de communes du Sud-Berry	Elles ont intérêt à développer les infrastructures et les équipements collectifs de qualité sur leur territoire pour assurer leurs missions de service public (écoles) et maintenir le dynamisme économique et l'attractivité de leurs villes.
Les maires des communes du Sud-Berry	Ils sont élus par les citoyens des villes de ces communes et souhaitent améliorer la satisfaction des usagers. Ce projet est un des moyens d'y parvenir.
Les entreprises du territoire du Sud-Berry	Le centre aquatique peut générer du trafic supplémentaire sur le territoire et favoriser l'activité de nombreuses entreprises du territoire (construction, commerce d'accessoires de bain, restauration à proximité...). Les créations d'emplois directes et indirectes sont également bénéfiques aux entreprises de la région.
Les usagers et habitants des communes du Sud-Berry	Ce projet de centre aquatique améliore l'offre d'équipement collectif sur le territoire. C'est un moyen supplémentaire de se divertir en adéquation avec le profil des habitants (« sensibles aux produits de bien-être et de soins du corps »).
Les adhérents de l'Association contre le centre nautique (ACCN)	Cette association regroupe une partie des habitants de la ville de Joligny, qui estiment que ce projet est trop coûteux pour leur ville compte tenu des retombées attendues. Ils cherchent donc à influencer la stratégie de leur municipalité pour qu'elle réduise sa participation financière au projet.
Les autres organisations et collectivités qui participent au financement du projet : Région, État, les instances européennes	Elles contribuent au développement économique et à l'attractivité du territoire du Sud-Berry en participant au financement des équipements collectifs.

5 Le problème auquel est confronté le maire de Joligny est l'opposition d'une partie de ses administrés au projet du centre aquatique. Les arguments développés par l'Association contre le centre nautique (ACCN) portent sur le coût du projet pour la commune, qui est jugé trop important compte tenu de l'intérêt du centre pour les habitants de la commune (site très éloigné de la commune).
La difficulté pour le maire consiste donc à faire accepter ce projet par tous les habitants en insistant sur les avantages attendus du centre nautique, les tarifs attractifs qui seront proposés et enfin en relativisant le coût que ce projet représente pour la commune.

Sujet national, juin 2014

NP CRÉATIONS, le pari de la production française

Communiquer sur l'origine des produits fabriqués rassure les clients dans un environnement caractérisé par une forte intensité concurrentielle. L'argument « made in France » permet désormais aux entreprises d'asseoir leur développement dans l'Hexagone.

À l'aide de vos connaissances et des documents 1 à 7, vous analyserez la situation de management en répondant aux questions suivantes :

1 Repérer les éléments constitutifs des organisations NP CRÉATIONS et l'Agence de développement du Saumurois.

2 Exposer les raisons qui ont incité l'agence de développement du Saumurois à devenir une partie prenante dans le projet de reprise de Franck Rizzin en 2008. Montrer comment les attentes de l'agence sont satisfaites.

Cette question vise ici simplement à vérifier que vous maîtrisez bien les différences entre les trois types d'organisations et leurs finalités respectives. La seule difficulté consiste à bien repérer le caractère associatif de l'agence, même si parmi ses membres on compte des organisations publiques.

3 Repérer des éléments de diagnostic externe dé l'organisation NP CRÉATIONS.

Le diagnostic externe demandé ici consiste à repérer les différents éléments de l'environnement de NP CRÉATIONS qui constituent pour elle une opportunité ou une menace. Il faut absolument exclure de votre réponse les éléments du diagnostic interne (atouts et faiblesses), à savoir : outil de production moderne, compétence et savoir-faire des salariés... Ces éléments vous pénaliseraient car cela montrerait que vous ne distinguez pas suffisamment les deux dimensions du diagnostic stratégique d'une organisation.

4 A partir de l'analyse des compétences et des ressources de NP CRÉATIONS, présenter les sources de son avantage concurrentiel.

Cette question fait appel à une notion clé du programme de terminale : **l'avantage concurrentiel**. Ses sources peuvent être liées aux produits, à la technologie, au marché... Aucune typologie des sources n'est exigée en STMG. Néanmoins, il faudra veiller à bien identifier toutes les sources de cet avantage concurrentiel.

5 Identifier puis justifier le mode de production retenu par NP CRÉATIONS.

6 Identifier et analyser le problème de management auquel est confrontée l'organisation NP CRÉATIONS.

La notion de problème de management (c'est-à-dire problème rencontré dans la direction et la gestion de l'organisation) est récurrente dans les sujets de management. Ici, il s'agit

– et c'est la difficulté principale – d'un seul problème de management, alors que l'on peut en identifier plusieurs. Le candidat doit donc repérer celui qu'il considère comme le plus important, le plus gênant pour l'organisation. Évoquer dans un second temps les autres problèmes identifiés peut également être pertinent. C'est la modalité de réponse que nous retiendrons ici.

À noter également : l'intitulé de la question suivante nous aide à identifier le principal problème de management (lié à la fabrication en France).

7 Présenter et justifier les solutions mises en œuvre par Franck Rizzin pour faire face à ce problème. Expliquer notamment en quoi, et sous quelles conditions, le choix du « made in France » a participé au redressement de NP CRÉATIONS.

Pour rester cohérent avec les éléments évoqués dans la question précédente, on proposera ici une réponse en deux temps, qui reprend les deux problèmes de management identifiés.

Annexes

Annexe 1

NP CRÉATIONS reprend des couleurs

« *Les entreprises ayant recours à une main-d'œuvre nombreuse, comme la nôtre, se rencontrent généralement dans le luxe. Or nous, nous travaillons avec la grande distribution, c'est plus rare !* ». Le repreneur de l'entreprise Neyrat-Peyronie [Franck Rizzin], installée à Allonnes, près de Saumur (Maine-et-Loire), a fait le pari de relancer la fabrication de parasols et de coussins d'extérieur en France. Il vend sa production en grande distribution et en distribution spécialisée et cela, en concurrence frontale avec des produits importés en majorité d'Asie. Une stratégie plutôt osée qui se révèle aujourd'hui payante avec le retour et le succès du « made in France » [...].

Un redressement à marche forcée

Lorsqu'il ouvre à nouveau l'usine (d'une superficie de 22 000 m^2) en septembre 2008, il y a, en tout et pour tout, 114 000 euros inscrits au carnet de commandes pour Carrefour [...]. En 2012, l'activité marque le pas avec 6,4 millions de chiffre d'affaires et un résultat en recul à seulement 17 000 euros, avec un effectif de 49 permanents et de 75 saisonniers.

Être plus compétitif

[...] Le repreneur va mettre en place un système de production réactif, avec une gamme de produits plus variés (des poufs d'extérieur aux paniers pour animaux) afin de lisser l'activité dans les ateliers. « *Notre première contrainte est liée à la saisonnalité qui crée un besoin en fonds de roulement explosif à cause des délais de paiement. Nous avons des avances en trésorerie à hauteur de 1,8 million d'euros en moyenne* », souligne Franck Rizzin. À force de rationalisation et avec une cadence de production optimale, le nouveau patron parvient à rester compétitif sans délocaliser [...]. « Nous consommons 652 kilomètres de matière première par an ! », lance Franck Rizzin. Les tissus viennent du Pakistan et d'Ouzbékistan (écrus), d'Espagne (dralons) et d'Asie (polyesters), mais sont tous imprimés en France [...].

Produire pour la grande distribution

[...] *C'est un marché de volume. Et pour que ça marche, chacun doit y trouver son compte. Nous apportons notre créativité - NP CRÉATIONS propose des collections exclusives ou générales - et notre réactivité. Les négociations sont dures mais dans la vente de produits d'abord saisonniers comme les nôtres, le fait d'être capable de s'adapter et de fabriquer vite, et de ne pas avoir de frais de transport, qui sont de plus en plus coûteux, fait que finalement nous sommes plus compétitifs que nos concurrents asiatiques. Sans compter que nos clients, tous les grands de la distribution (excepté maintenant Carrefour) ont eux aussi intérêt à afficher et vendre des produits fabriqués en France. Aujourd'hui, nous sommes les seuls Européens à produire des parasols et des chiliennes (des chaises longues en toile colorée) dans l'Hexagone. Enfin, même si l'export n'est pas un axe stratégique de développement, nos collections se vendent en Espagne, au Portugal et en Belgique, via des enseignes françaises de distribution présentes dans ces pays* », conclut Franck Rizzin.

(Source : *L'Entreprise*, n°321, avril 2013.)

Annexe 2

Présentation de l'Agence de développement du Saumurois

L'Agence de développement du Saumurois (ADS) est une association créée en 2000 par Saumur Agglo (qui regroupe 32 communes) et la chambre de commerce et d'industrie (CCI) de Maine-et-Loire. Depuis 2010, elle a intégré le pôle économique du Saumurois qui regroupe en un seul et même lieu les différents acteurs économiques du Saumurois.
Elle est composée de deux salariés et de 35 membres.
La spécificité de l'association réside dans le fait qu'elle est à la fois composée d'élus de la chambre de commerce et d'industrie, de Saumur Agglo et de chefs d'entreprises, l'occasion pour tous de mieux se connaître et d'échanger, de définir des stratégies. L'heure est toujours à la promotion du territoire sur les salons nationaux et internationaux pour attirer des entreprises, mais son action s'est recentrée sur le réseau local. « On s'est rendu compte, que, souvent, les entrepreneurs ne se connaissaient pas, par manque de temps le plus souvent » explique Sara Bauer, directrice de l'agence.
L'Agence de développement du saumurois a pour missions principales :

L'accompagnement des entreprises

- Aide et conseil dans les phases d'implantation, d'intégration et de développement sur le Saumurois.
- Mise en relation des acteurs : entreprises, collectivités locales et services de l'État.
- L'animation économique : mise en réseau des entreprises, animation de réunions.

La promotion du territoire

- Salons professionnels.
- Actions de prospection Mise en réseau des entreprises.
- Editions, publications.

(Source : d'après la plaquette de présentation de l'Agence de développement du Saumurois et www.saumur-kiosque.com.)

Annexe 3

Réussir avec l'Agence de développement du Saumurois !

Installée près de Saumur depuis près de 40 ans, la société NP CRÉATIONS est aujourd'hui le numéro 1 européen du coussin d'extérieur et du parasol. « *Si le succès de cette entreprise est dû en grande partie à ses salariés fiers de leur savoir-faire et capables de rivaliser face à la concurrence européenne et asiatique, il n'en reste pas moins que les efforts de Saumur Agglo pour accompagner chaque chef d'entreprise et l'aide personnalisée de l'Agence de développement du Saumurois m'ont permis d'inscrire NP CRÉATIONS dans une vraie dynamique industrielle* », reconnaît Franck Rizzin, PDG de NP CRÉATIONS.

(Source : *Entreprendre*, mai 2012)

Annexe 4

La chilienne revisitée par NP CRÉATIONS

Après les parasols et les coussins, la SAS NP CRÉATIONS, au capital de 37 000 euros, lance une production de chiliennes [1] réalisées sur le site Saumurois [...]. L'offre s'inscrit dans la logique du consommateur de coordonner ses éléments extérieurs : coussins, parasols et chiliennes dans un même tissu. Ces chaises longues devraient représenter environ 250 000 euros de chiffre d'affaires la première année d'exploitation (2013). La société a pour ambition de devenir le numéro un français de ce segment de marché en 2014.

Innovation

Le lancement de ces chiliennes s'inscrit dans la logique d'innovation dans laquelle s'est lancée NP CRÉATIONS. Une personne, au sein de l'entreprise, est désormais chargée du stylisme et du design, deux autres du prototypage [2]. Ainsi des innovations voient le jour. NP CRÉATIONS se lance notamment sur la mise sur le marché d'un parasol à ouverture automatique (open-up) qui s'ouvre tout seul à l'instar d'un parapluie.

1. Chilienne : chaise longue en toile colorée.

2. Prototypage : réalisation d'un exemplaire non définitif de ce que pourra être l'objet ou le produit final.

Gestion des achats et des stocks

[...] La réorganisation de la production a ainsi permis à NP CRÉATIONS d'assurer à ses distributeurs une disponibilité du stock et des livraisons en 72 heures. Un élément d'importance quand on connaît l'influence de la météo sur les achats de produits de jardin.

Une chance avec la loi LME

Le « made in France » n'a pas pour lui que la flexibilité de la proximité, il est aussi facilité par les nouvelles dispositions. Franck Rizzin se félicite des effets indirects de la loi de modernisation de l'économie [3](LME). « *[...]Entre la réduction des délais de paiement et la nécessité d'avoir une gestion de plus en plus fine des stocks, la production française est revenue en grâce. Et cela a clairement joué en notre faveur* », a déclaré le PDG de NP CRÉATIONS.

(Source : www.Saumur-Kiosque.com, 02/02/2013.)

Annexe 5

Soutenir l'investissement pour se développer

Après avoir fabriqué un million de coussins d'extérieur et de parasols en 2012, NP CRÉATIONS lance une production de chiliennes. « *Nous coordonnons déjà nos parasols et nos accessoires de jardin. La suite logique est d'aller sur ce produit intemporel avec les mêmes tissus* », explique Franck Rizzin, le PDG [...]. Avec ce nouveau produit, NP CRÉATIONS veut « *se positionner, comme nous le sommes déjà pour le coussin et le parasol, en tant que fournisseur numéro un sur le marché français. Celui-ci pèse entre 1,5 et 2 millions d'euros* », indique Franck Rizzin.

Dans le même temps, NP CRÉATIONS se diversifie avec une gamme de gros coussins garnis de billes de polystyrène, qui s'inscrit dans l'univers du mobilier. « *Ces produits très volumineux coûtent très cher à importer* ». Ils représentent aujourd'hui « *15 % du chiffre d'affaires* ». Parallèlement, NP CRÉATIONS cherche à désaisonnaliser sa production en s'installant sur le secteur du coussin pour animaux de compagnie (5 % de l'activité actuellement).

300 000 euros investis chaque année

Saisonnière, l'activité de NP CRÉATIONS est également très liée à la météo. « *Nous avons quinze week-ends dans l'année (de février à mars) pour faire notre business* », explique Franck Rizzin. Ainsi, après avoir connu une croissance de près de 20 % entre 2010 et 2011, la PME a enregistré une légère baisse de son chiffre d'affaires en 2012 (6,4 contre 6,7 millions d'euros en 2011). Principale explication : le printemps pluvieux. Pour 2013, le chiffre d'affaires sera « similaire à 2011 », si les conditions météo ne viennent pas perturber l'activité. Quatre ans et demi après avoir fait le pari du « made in France »

---

3. La loi de modernisation de l'économie (LME) du 4 août 2008 plafonne à quarante-cinq jours fin de mois, ou soixante jours à compter de la date d'émission de la facture, le délai de paiement convenu entre les entreprises.

en reprenant l'entreprise (ex-Neyrat Peronie) à la barre du tribunal de commerce, Franck Rizzin démontre qu'une production française peut redevenir compétitive. Et cela même auprès de la grande distribution, puisque l'entreprise est présente « *dans plus de 80 % des enseignes de la grande distribution et de la distribution spécialisée* ». Pour faire face à la concurrence européenne (Espagne et Italie) et asiatique, NP CRÉATIONS « *compense le coût de la main-d'œuvre française par un investissement constant chaque année, 100 000 euros sont consacrés à l'amélioration de l'outil industriel et 200 000 euros à la création* ».

Le projet d'une nouvelle usine

Et Franck Rizzin veut se donner les moyens de continuer dans cette voie puisqu'il réfléchit à la construction d'une nouvelle usine. [...] L'investissement pourrait avoisiner les six millions d'euros. Franck Rizzin veut rester à proximité du site de production actuel d'une surface totale de 22 000 m^2 : « *Je me vois mal partir et perdre la compétence des couturières et des équipes dans les bureaux* ». La prise de décision devrait intervenir dans les deux ans au maximum.

(Source : *Le Journal des entreprises*, 01/02/2013.)

Annexe 6

Le choix de la qualité « made in France »

[...] Ce qui, en juin 2008, passait pour un pari insensé permet en 2011 de créer des emplois, dans une région où le taux de chômage atteint les 15 %, et de pérenniser un savoir-faire et une activité installés depuis 1971 aux portes de Saumur, dans le Val de Loire. Les points forts de cette politique industrielle ? D'abord, une connaissance accrue du marché et de ses segments, qui permet de produire des collections de qualité. Ensuite, une logistique sans faille qui mise sur la réactivité de la production et de la livraison, ainsi que sur la capacité de réapprovisionnement et de pilotage des stocks.

Reste qu'en termes de prix, les produits ne sont pas forcément identiques à ceux fabriqués en Asie. Dans le haut de gamme, il n'existe pas de comparatif. « La Chine et le Vietnam, par exemple, ne sont pas à même de pouvoir travailler sur ces produits », assure Franck Rizzin. Sur le segment milieu de gamme, NP CRÉATIONS est un peu plus cher. « Mais sur le premier prix, où la logistique importe énormément, nous pouvons être meilleur marché que l'importation qui vient d'Asie ! », prévient Franck Rizzin. En effet, le coût des matières premières est le même pour tous ! Et si la main-d'œuvre des fabricants asiatiques est beaucoup plus compétitive, ils perdent une bonne partie de leur avantage sur le transport. Il ne restera enfin qu'un seul élément de comparaison : la parité euro-dollar.

Mais la grande distribution est-elle sensible à l'argument « made in France » ? « Elle l'est d'autant plus que certaines centrales d'achat[4] ont compris que leurs clients étaient

4. Centrale d'achats : une centrale d'achats est une structure gérant les achats de ses distributeurs affiliés (qui peuvent être des détaillants ou des grossistes) et qui a pour but d'obtenir les meilleures conditions possibles (prix, modalités de paiement, livraison...).

nos ouvrières », se réjouit Franck Rizzin. Au-delà de cette évidence, le marché chinois intérieur absorbe désormais une grosse partie de sa propre production et ne peut plus satisfaire la demande française. De plus, « l'innovation est un moyen de se différencier ». En investissant 200 000 euros par an, NP CRÉATIONS crée ses propres motifs. 70 à 75 % de l'assortiment sont revus chaque année. « Nous gardons la mainmise sur notre création parce qu'elle nous permet d'être réactifs, de connaître le marché et de conserver cette longueur d'avance. La Chine nous oblige à rester systématiquement compétitifs », conclut Franck Rizzin.

(Source : *LSA*, n°2228, 17/05/2012.)

Annexe 7

Le « made in France » fait-il vendre ?

77 % des consommateurs se disent prêts à payer un produit « made in France » plus cher, à condition que la qualité soit au rendez-vous. Pour les industriels, le « made in France » et la relocalisation de la production représentent un véritable défi, qui permet au final de se démarquer et de tabler sur l'excellence française pour conquérir l'international. Acheter français permet de soutenir notre économie régionale et nationale. L'Agence de développement du Saumurois s'est emparée du « made in France » pour promouvoir les produits locaux auprès d'une clientèle nationale et internationale.

(Source : Les auteurs.)

1

	NP CRÉATIONS	Agence de développement du Saumurois
Type	Organisation à but lucratif.	Organisation à but non lucratif.
Forme	Entreprise privée.	Association.
Finalités	Réaliser des profits, assurer sa pérennité.	Rendre service à ses membres : accompagnement des entreprises et promotion du territoire.
Taille	Il s'agit d'une PME (moins de 500 salariés).	
Statut juridique	SAS (société par actions simplifiée).	Association loi de 1901.
Ressources	**humaines** : 49 permanents et 75 saisonniers en 2012. **matérielles** : site de production de 22 000 mètres carrés. **financières** : capital de 37 000 euros, 300 000 euros d'investissements annuels, résultat de 17 000 euros en 2012.	**humaines** : 2 salariés.
Champ d'activité	La production est locale, mais les produits sont distribués sur tout le territoire national ainsi qu'à l'étranger (Espagne...).	Local : l'association travaille au développement économique du territoire saumurois.
Nationalité	Française.	Française.

2 L'Agence de développement du Saumurois cherche à promouvoir le territoire saumurois et à accompagner les entreprises locales. Il s'agit des finalités de cette organisation et de sa raison d'être. C'est pour cela qu'elle est partie prenante du projet de reprise de NP CRÉATIONS en accompagnant Franck Rizzin.
Ses objectifs sont donc la réussite du projet, le maintien des emplois, voire la création d'emplois supplémentaires, l'essor économique du territoire. Ces attentes sont ici satisfaites parce que la reprise est plutôt réussie (hausse du chiffre d'affaires...). On peut noter également que ces objectifs sont des objectifs d'intérêt général justifiés également par le fait que la communauté d'agglomération de Saumur (organisation publique représentative des communes) est membre de l'Agence de développement du Saumurois.

3

Opportunités	Menaces
Économiques : les produits de NP CRÉATIONS sont volumineux, ce qui augmente les coûts d'importation des concurrents étrangers. NP CRÉATIONS reste donc très compétitif face à la concurrence étrangère ; soutien de l'Agence de développement du Saumurois. **Socioculturelles :** tendance du « made in France » qui incite les consommateurs à acheter des produits français. **Écologiques/environnementales :** : les produits NP CRÉATIONS sont fabriqués localement. Leur « empreinte écologique » est donc plus faible que celle des produits d'importation. **Légales :** la loi de modernisation de l'économie réduit les délais de paiement et donc permet à NP CRÉATIONS une gestion facilitée de sa trésorerie.	**Économiques :** concurrence des pays à bas coûts de main-d'œuvre (Chine...), risque lié à la parité euro/dollar pour les produits importés, forte dépendance vis-à-vis de la grande distribution. **Écologiques/environnementales :** activité fortement dépendante de la météo.

4 L'avantage concurrentiel de NP CRÉATIONS réside dans sa capacité à fabriquer des produits et à les livrer très rapidement à ses clients de la grande distribution. En effet, la demande de ce type de produits de jardin (parasols, chiliennes...) varie fortement en fonction de la météo. Les distributeurs ont donc besoin de pouvoir ajuster très rapidement leurs stocks en cas de météo favorable. L'entreprise NP CRÉATIONS est capable de livrer très vite (72 heures) ses clients parce qu'elle fabrique ses produits en France. Les concurrents, principalement asiatiques, ne peuvent offrir les mêmes délais en raison des temps d'acheminement des produits beaucoup plus longs (transport en conteneurs sur cargos).

5 NP CRÉATIONS est capable, grâce à son outil de fabrication moderne, de produire sur commande en 72 heures. Cette flexibilité productive est un élément clé lui permettant de produire précisément (modèle et quantités) ce que souhaitent ses clients.

On peut donc qualifier son mode de production de « juste à temps » ou « production à la demande ».

6 Le principal problème auquel est confrontée l'organisation NP CRÉATIONS est la concurrence des pays à faibles coûts de main-d'œuvre (Chine...). Les matières premières sont sensiblement les mêmes et sont achetées aux mêmes prix. Les écarts

entre le coût de la main-d'œuvre en France et dans ces pays sont en revanche très importants. Proposer des produits compétitifs pour NP CRÉATIONS relève ainsi d'un véritable défi. Il est d'ailleurs très probable que les difficultés rencontrées avant la reprise de l'entreprise soient dues à la concurrence des produits étrangers.
Dans une moindre mesure, NP CRÉATIONS doit affronter des difficultés liées à la saisonnalité de son activité (le marché du mobilier de jardin est concentré sur quelques week-ends dans l'année). Cette saisonnalité est préjudiciable à plusieurs niveaux :

- recrutement, formation et fidélisation nécessaires des nombreux saisonniers au niveau des ressources humaines ;
- gestion du besoin en fond de roulement au niveau des ressources financières ;
- amortissement des machines et des investissements dans l'outil de production au niveau des ressources matérielles.

7 Franck Rizzin a compris que pour surmonter le problème de la concurrence, il ne pouvait pas jouer sur les prix. Il a donc choisi de miser sur la réactivité de son mode de production qui permet de réduire considérablement les délais de livraison, ainsi que sur la différenciation et l'originalité de ses produits. Le « made in France » permet à ce titre de réduire les délais de livraison (par rapport aux concurrents asiatiques), et également de valoriser ses produits, perçus comme plus « qualitatifs » que le « made in China », souvent décrié. Enfin, pour se différencier davantage, Franck Rizzin investit fortement dans la modernisation de ses sites de production (300 000 euros d'investissement annuels) et fait concevoir en interne (prototypes) des produits innovants (dimension technologique).
Pour le deuxième problème de management, à savoir la saisonnalité de la production, NP CRÉATIONS développe des produits liés (mêmes matériaux et même processus de fabrication) comme de gros coussins d'intérieur, des chiliennes et des paniers pour animaux. Ces produits « relais » vendus en toutes saisons doivent permettre d'atténuer la saisonnalité de la production.

Inde, avril 2014

L'impact de l'environnement dans la prise de décision managériale

Le pilotage de l'organisation suppose la prise en compte de l'environnement qui agit sur son fonctionnement.

À l'aide de vos connaissances et des documents 1 à 5, vous analyserez la situation de management en effectuant les travaux suivants :

1 Repérez les éléments caractéristiques de l'organisation Montbarbon.

Ce type de question ne doit pas vous surprendre. Il s'agit de la question classique de cette épreuve qui vise à évaluer votre capacité à caractériser une organisation : type et forme, finalités, taille, statut juridique, ressources humaines, financières, matérielles et immatérielles, métiers (ou activité) et champ d'action géographique.

Elle fait référence aux deux premiers thèmes du programme : « Qu'apporte le management à la gestion des organisations ? » et « Les critères de différenciation des organisations ». Contrairement à d'autres sujets, sur le même modèle, confrontant deux types d'organisations, celui-ci se concentre sur une seule.

Une présentation synthétique est attendue. Un tableau, par exemple, sera très apprécié des correcteurs.

2 Repérez les éléments du diagnostic externe de Montbarbon.

Il s'agit là aussi d'une question classique, qui permet de vérifier l'acquisition de la capacité à « Repérer des éléments de diagnostic interne et/ou externe d'une organisation » (Thème 6 du programme : « Le processus et le diagnostic stratégiques »).

La principale difficulté ici est de veiller à ne traiter que les éléments du diagnostic externe, c'est-à-dire les opportunités pour la librairie et les menaces qui pèsent sur elle, en laissant de côté les forces et les faiblesses de cette organisation (diagnostic interne).

Il faut donc analyser la concurrence de la librairie et les différentes caractéristiques de son environnement : politiques, économiques, technologiques socioculturelles, légales, écologiques...

Attention : des éléments comme la longue expérience de la librairie, son emplacement « stratégique », ses locaux spacieux, sa notoriété, son site Internet... ne doivent pas apparaître dans le diagnostic externe, parce qu'il s'agit d'éléments du diagnostic interne.

3 Formulez, à partir de ce diagnostic, le problème de management auquel la librairie a été confrontée.

Ce type de question revient également dans un grand nombre de sujets. La difficulté principale consiste à bien analyser les annexes pour identifier le principal problème rencontré par l'organisation. Il peut s'agir d'un problème de ressources (humaines, matérielles...), de l'offre de l'organisation (obsolescence, inadaptation à l'évolution de la demande...) ou bien encore, comme c'est le cas ici, de la concurrence.

4 Identifiez l'option stratégique adoptée pour y faire face. Justifiez ce choix.

Il faut mobiliser ici les notions abordées dans le thème 7 du programme : « La stratégie des organisations », et plus particulièrement « Les principales options stratégiques des entreprises ». En principe, il faut identifier une des six stratégies génériques :

- domination par les coûts ;
- spécialisation ;
- diversification ;
- externalisation ;
- intégration ;
- différenciation.

Repérer la stratégie mise en œuvre n'est pas toujours simple et il faut parfois procéder par élimination pour l'identifier. Quoi qu'il en soit, il faut s'appliquer à justifier sa proposition avec des éléments extraits des annexes.

5 Évaluez la pertinence de la stratégie mise en œuvre, à l'aide de critères d'évaluation de la performance.

Cette question vise à évaluer la maîtrise des notions abordées en classe de Première (Thème 3 : « Objectifs et contrôle stratégique »). La notion de performance est également longuement étudiée en sciences de gestion. On attend donc, en principe, du candidat qu'il ne se limite pas à analyser la performance financière et commerciale, mais qu'il l'envisage dans ses autres dimensions : sociale, sociétale et environnementale.
Néanmoins, les annexes de ce sujet ne nous permettent pas ici d'envisager la performance au-delà de ses composantes financières et commerciales.

6 Précisez si le versement d'une subvention par la région Rhône-Alpes s'inscrit dans les finalités de cette collectivité territoriale. Justifiez votre réponse.

Cette question vise à évaluer la capacité du candidat à montrer qu'il connaît la finalité des autres organisations, ici une collectivité locale. On attend du candidat qu'il caractérise l'organisation et qu'il précise sa finalité, ici les missions de service public dans une acception large (développement économique).

Annexes

Annexe 1

Entretien avec le dirigeant actuel de la librairie, Philippe Montbarbon

Quelles sont les grandes étapes de l'histoire de la librairie Montharbon ?

Philippe Montbarbon (P. M.) : Jean-Marie Montbarbon s'est vu décerner le « Brevet de Libraire » le 9 mai 1864. De petit magasin situé rue Foch à la fin des années 1800, la librairie s'est déplacée rue du Maréchal-Joffre au début du XXe siècle. Il y a eu de nombreuses évolutions, avec quelques dates remarquables, agrandissements en 1956, 1964, 1974, puis séparation de la librairie et de la papeterie en 1994.

Ces changements se sont accompagnés de modifications de structure juridique : aujourd'hui la librairie existe sous forme de société par actions simplifiée. Elle est dirigée par mon frère et moi-même, son capital social s'élève à 500 000 euros.

Dernier changement de taille : le déménagement de la librairie, toujours en centre-ville, mais dans un lieu plus spacieux et à proximité d'un parking gratuit.

Parlez-nous de ce changement.

P. M. : Montbarbon est une grande librairie indépendante dite « généraliste ». Depuis la fermeture de nos principaux confrères, elle est devenue « la » librairie de Bourg-en-Bresse au côté de la Librairie du Théâtre qui est aussi implantée en centre-ville. Il n'est pas rare d'entendre les jeunes générations dire « on va chez ton-barbon ».

Au fil des ans, cette situation de quasi-monopole nous a permis de tenir sans évolution majeure dans l'offre que nous proposions à la clientèle. Plusieurs fois, nous avons hésité à franchir le pas pour aller en « périphérie ». C'était une option à la mode à la fin des années 1990, et elle nous aurait permis de pallier l'absence de surface suffisamment grande en centre-ville. Nous avons malheureusement trop longtemps hésité sur un projet qui a été compromis lorsque nous avons eu l'annonce de l'implantation d'une grande surface culturelle sur la ville.

À partir de cette date, nous avons fait le « dos rond », d'autant plus que ce n'est pas une, mais deux grandes surfaces (Cultura et Espace culturel Leclerc) qui se sont installées. Ce qui, pendant trois ans, nous a fortement bousculés : les ventes ont alors chuté d'environ 35 %. Il nous restait à mourir, en cinq ans environ, ou réagir en centre-ville puisque la périphérie était pourvue. Au mois d'avril 2010, nous avons appris qu'un commerce de 700 m^{2} se libérait dans un lieu en devenir de la ville. Nous n'avons pas hésité plus de 24 heures, et le magasin a ouvert ses portes dans ce nouveau lieu le 29 avril 2011.

Nous ne regrettons pas notre choix car aujourd'hui l'activité se porte mieux et voit ses ventes augmenter à nouveau. Le chiffre d'affaires est passé de 2 333 000 € en 2010 à 2 539 000 € en 2011.

Certains de nos anciens clients sont revenus, d'autres nous découvrent, au total c'est 4 000 porteurs de la carte de fidélité qui nous font confiance, sans parler de la clientèle de passage.

Comment a été conçu ce nouveau lieu ?

P. M. : Nous nous sommes appuyés, pour concevoir ce nouveau lieu, sur notre groupement « Libraires Ensemble », qui nous a permis une approche très précise de l'utilisation des surfaces. Signalons aussi que nous avons pu bénéficier de l'aide de la Région Rhône-Alpes au titre de la subvention pour agrandissement et implantation de librairies.

Plusieurs éléments ont été pris en compte dans la conception de cette nouvelle librairie. D'abord, nous l'appelons encore « librairie », car nous sommes partis du principe qu'il fallait, pour reprendre l'expression de certains clients, « *redonner à la ville de Bourg-en-Bresse la librairie qu'elle méritait* ». Sachons rester modestes, mais force est de constater que le livre occupe les 4/5 de l'espace, et que la littérature, la jeunesse et la bande dessinée ont été développées.

Ensuite, sans être un magasin multimédia, nous trouvions désolant de voir l'offre CD et DVD en centre-ville disparaître progressivement. Nous avons donc créé un rayon disques/vidéos où l'on retrouve l'ensemble des nouveautés, lors de leur sortie, à des prix « nouveautés », et un fond de sélections que nous qualifierons de plus qualitatives. Enfin, l'un de nos métiers d'origine qui est le stylo et le cadeau, est un rayon que nous avons réintégré avec une offre milieu-haut de gamme et fantaisie. L'objectif est de correspondre aux deux mots qui sont devenus notre ligne directrice, *loisirs et plaisir*, comme en témoigne notre nouveau slogan « *ma passion culture* ». L'ouverture d'un espace de lecture et de flânerie à l'étage invite des jeunes de la ville à s'installer plus longuement pour le plaisir de la lecture en toute liberté.

S'installer dans ce nouveau lieu a-t-il bousculé l'organisation du personnel ?

P. M. : L'équipe de 19 personnes a adhéré complètement au projet : dans ce lieu qui est beaucoup plus spacieux et décloisonné, les rayons se côtoient et le personnel est amené à être spécialiste de son rayon, mais il doit aussi pouvoir conseiller un lecteur dans un domaine différent. En permanence, sept vendeurs-conseils encadrés par deux responsables de magasin évoluent dans cet espace afin d'apporter le meilleur service possible à nos clients.

L'ouverture entre 12 heures et 14 heures entraîne une organisation plus complexe.

Comment envisagez-vous l'avenir ?

P. M. : Nous allons poursuivre un programme important d'animations et de rencontres avec les auteurs. Nous avons également une programmation de conférences, avec des partenariats extérieurs.

Par ailleurs, si le livre a encore un avenir certain dans sa forme papier, celui-ci va se faire grignoter au fil du temps. Le livre numérique va s'implanter doucement mais sûrement. Nous travaillons à la mise en place d'une borne numérique en magasin accessible également via le site Internet : elle offrira la possibilité de télécharger des livres sur tablette. Cette offre intéressera certainement les gros lecteurs puisque 100 % des nouveaux titres qui paraissent chez les éditeurs le sont aussi sous forme numérique.

Alors justement, pouvez-vous nous parler de votre site internet ?

P. M. : C'est un site qui nous permet d'être très visible dans les moteurs de recherche, et qui facilite la réservation (le site est connecté au logiciel de gestion des stocks) et la prise de commandes par les clients : il est amusant de voir que certains clients se connectent à n'importe quelle heure de la journée pour commander ou réserver. Les collectivités (lycées, bibliothèques...) adhèrent à ce mode de passation de commandes. Par ailleurs, ce site reflète bien notre volonté d'ancrage dans la vie locale, puisque nous y publions les événements majeurs de la vie culturelle de Bourg-en-Bresse.

(Source : d'après le site Internet www.libraires-rhonealpes.fr.)

Annexe 2

Les principales tendances du marché du livre

La nouvelle édition des « *Chiffres clés du secteur du livre* » (mars 2012) montre une relative stabilité du secteur du livre en 2011 : selon les instituts, les achats de livres des ménages ont été stables ou en très léger recul (de - 1,0 % à + 0,6 %). L'offre de nouveautés (64 300 titres, + 2 %) et de livres disponibles (622 000 titres, + 4 %) a continué à progresser, de même que le nombre de références achetées au moins une fois dans l'année (+ 2 %). La proportion d'acheteurs est également restée stable, autour de 52 % de la population de 15 ans et plus.
13 % des achats en 2010 ont été réalisés par Internet (via les sites des grandes surfaces culturelles, des clubs, des librairies en ligne, et des pure players [1]) et ces achats poursuivent leur progression. Simultanément, le repli des ventes en magasin des grandes surfaces alimentaires et du circuit des ventes par correspondance/clubs s'est poursuivi, ainsi que celui des plus petites librairies, les grandes librairies et les librairies spécialisées maintenant mieux leurs positions.
Malgré la progression du chiffre d'affaires du secteur librairie, la situation des différents acteurs est contrastée. Les librairies indépendantes éprouvent de grandes difficultés à maintenir leur activité : en effet, elles subissent l'intensification de la concurrence des autres circuits de distribution : celle des grandes surfaces spécialisées dans le multiculturel type FNAC, Virgin...

(Source : site Internet www.dgmic.culture.gouv.fr.)

1. *Pure players* : sites de vente en ligne qui ne disposent d'aucun magasin.

Annexe 3

La fixation du prix de vente du livre

La loi du 10 août 1981 pose le principe d'un prix unique de vente du livre, fixé par l'éditeur[2], les libraires pouvant pratiquer une remise de 5 % maximum à leurs clients.
L'objectif du prix unique est de protéger les libraires indépendants en empêchant la grande distribution organisée de pratiquer des prix trop bas sur le marché. Le prix de vente est imposé par l'éditeur (il figure sur le livre ou est codifié pour les formats poche). Il n'y a donc pas de véritable concurrence par les prix entre libraires.
Quant à la marge du libraire, elle est définie par des conditions d'achat négociées. En moyenne, le libraire touche entre 25 et 40 % du prix de vente du livre. Ce pourcentage varie en fonction de différents éléments, dont le taux de retour des invendus aux éditeurs et les quantités commandées.

(Source : document d'auteurs.)

Annexe 4

Entretien avec Philippe Montbarbon

Dans le contexte actuel, sur quels éléments repose la pérennité d'une librairie indépendante telle que la vôtre ?
P. M. : La grande difficulté pour nous, c'est le système des « offices ». Un libraire généraliste doit présenter dans son magasin toutes les nouveautés ; or, il ne peut pas tout connaître ! L'éditeur va donc envoyer de manière systématique, même si le libraire n'a rien commandé, au moins un exemplaire par titre. On dit qu'il est *livré d'office*, c'est-à-dire sans avoir le choix, il doit conserver le livre au moins trois mois en rayon et il doit le payer soixante jours après l'avoir reçu. Le système des « offices » concerne la totalité des ouvrages.
Et si le livre ne se vend pas ?
P. M. : Le libraire peut alors le retourner à l'éditeur et se faire rembourser. Les frais de port sont à la charge du libraire à l'aller comme au retour. Nous pouvons également retourner dans les mêmes conditions les livres que nous avons commandés et qui ne se sont pas vendus. Dans ce cas, on parle de *retour libre*.
En moyenne, vous retournez beaucoup de livres ?
P. M. : Notre taux est dans la norme de la profession, à savoir 17 % minimum. Cela nous oblige à être constamment attentifs : lorsqu'un client passe commande d'un livre, nous sommes capables de le mettre à sa disposition en quatre jours si nos fournisseurs tiennent

---

2. *Éditeur* : celui qui découvre les auteurs et qui prend le risque de faire imprimer les livres ; son but est de vendre le plus possible de livres aux librairies. Il fixe le prix du livre, ce prix s'impose aux points de vente.

les délais. Cela fait partie des services proposés à la clientèle, y compris sur le site internet. Et, à de rares exceptions près, un livre réservé est toujours acheté.
Mais lorsqu'il s'agit des livres imposés par le système des offices, la gestion est autrement plus complexe. D'une part, nous ne pouvons pas maîtriser l'offre, et d'autre part, les délais de retour et de remboursement sont longs. Nous avons dû y faire face récemment. En janvier, le marché national a reculé. Nous avons décidé de retourner une partie du stock en février. Les éditeurs ont pris en compte les retours en mars et nous avons été remboursés deux mois plus tard.
Cela peut-il menacer la pérennité de la structure ?
P. M. : Si on ne fait pas d'erreur de gestion, si on est au plus proche des attentes de notre Clientèle, sans oublier de prendre en compte son environnement, on peut encore rentabiliser l'activité : notre résultat s'élève à 50 000 € en 2011. L'essentiel est aussi d'obtenir de bonnes conditions d'achat auprès des éditeurs. Nous touchons environ 38 % du prix de vente des livres, c'est aussi le résultat d'un partenariat à long terme avec les éditeurs. Mais ouvrir une librairie de nos jours est devenu très risqué, l'expérience est un atout dans le métier.

(Source : entretien des auteurs avec Philippe Montbarbon.)

Annexe 5

Le label « Librairie indépendante de référence »

Le label « Librairie indépendante de référence », que l'on pourrait rapprocher du label « Cinéma d'art et d'essai », est destiné à reconnaître, valoriser et soutenir les services de qualité rendus par des libraires indépendants. Son attribution (valable pour une période de trois ans) est liée : à la nature de PME de la librairie, qui doit être indépendante de toute grande société, à la richesse de l'assortiment de livres proposé, au nombre suffisant de personnels affectés à la vente, ainsi qu'à la qualité des animations culturelles proposées par la librairie. La communication repose pour l'ensemble des librairies labellisées sur un logo « Librairie de référence » présent sur les vitrines et dans les locaux.
Ce label offre la possibilité :

- de valoriser, auprès de la clientèle et des partenaires institutionnels ou privés de la librairie, la qualité de l'accueil, des services et de l'assortiment ;
- de bénéficier pour les librairies d'une exonération de la contribution économique territoriale (la CET qui remplace la taxe professionnelle) ;
- de bénéficier de la part de certains fournisseurs de conditions commerciales plus favorables. [3]

(Source : site internet *www.culture.gouv.fr*.)

---

3. N.B. : Montbarbon fait partie des 46 librairies de Rhône-Alpes ayant obtenu le label « Librairie indépendante de référence ».

1

Type	Organisation à but lucratif.
Forme	Entreprise privée.
Finalité	Réaliser des profits et assurer sa pérennité.
Taille	Il s'agit d'une PME car son effectif (19 personnes) est compris entre 10 et 250 salariés.
Forme juridique	SAS : société par actions simplifiée.
Nationalité	Française : siège social à Bourg-en-Bresse.
Ressources	**humaines** : 19 personnes, dont des vendeurs conseils et des responsables du magasin. **financières** : capital social (apports associés) de 500 000 € ; résultat de 50 000 € en 2011, subventions de la région. **matérielles** : la surface commerciale de 700 m^2 en centre-ville, à proximité d'un parking. **immatérielles** : il s'agit d'une librairie très ancienne (XIXe siècle), qui peut jouir d'une bonne image (patrimoine, authenticité...) C'est « la » librairie du centre-ville bien connue et bien ancrée dans Bourg-en-Bresse. Enfin, cette librairie bénéficie d'un label, « librairie indépendante de référence », très valorisant d'un point de vue culturel.
Métier	Secteur tertiaire, activité commerciale. La librairie distribue des produits culturels (livres, papeterie, CD...).
Champ d'action	Local : la librairie cible la population de Bourg-en-Bresse et alentour. Le site Internet permet également de réserver en ligne et de vérifier la disponibilité des articles. Les annexes ne précisent pas si la librairie vend à distance.

2

Opportunités	Menaces
Technologique : développement du livre numérique, qui peut permettre de toucher de nouveaux lecteurs. **Fournisseurs :** partenariat à long terme avec les éditeurs, ce qui lui permet d'avoir en moyenne 38 % de marge brute sur les achats. **Concurrence :** elle est limitée en centre-ville (« quasi-monopole »). **Légale :** la loi sur le prix unique du livre protège les librairies indépendantes de la concurrence des grandes surfaces. **Soutien des pouvoirs publics :** possibilité d'avoir des subventions de la région (aides publiques), donc activité économique soutenue.	**Économique :** baisse du marché en janvier 2011, confirmée par des études qui disent que le marché, au mieux, stagne (- 0,6 %), voire recule (- 1 %). **Concurrence :** 2 grandes surfaces spécialisées se sont implantées récemment en périphérie ; progression de la vente en ligne (librairies en ligne, *pure players*...) **Technologique :** le livre numérique implique également que la librairie s'adapte pour coller aux nouveaux usages (investissement dans une borne qui distribue les livres numériques). **Relations avec les éditeurs :** elles semblent assez déséquilibrées (mécanisme des « offices », délais de remboursement des invendus long, obligation de référencer les nouveautés...)

3 Le problème de management rencontré par la librairie est essentiellement lié à ses concurrents, au niveau strictement local (installation d'enseignes culturelles à la périphérie de la ville) et sur un plan plus large : sites des enseignes culturelles nationales, *pure players*...

Dans les années 1990, la librairie Montbarbon a vu plusieurs de ses concurrents disparaître. Elle s'est retrouvée dans une position commercialement très confortable à Bourg-en-Bresse. Les dirigeants reconnaissent alors avoir limité leur réflexion stratégique et ne pas avoir anticipé l'installation en périphérie de deux grandes surfaces culturelles, Cultura et Espace culturel E-Leclerc. La conséquence a donc été une baisse des ventes de 35 % en trois ans.

Face à cette concurrence, qui peut remettre en question la pérennité de l'entreprise, la librairie Montbarbon doit faire évoluer son positionnement stratégique.

4 Pour résister à cette concurrence, Montbarbon a pris plusieurs mesures.

En premier lieu, elle s'est inspirée du modèle des grandes enseignes culturelles qui se sont installées en périphérie de la ville :

- extension du magasin en s'installant dans un local « plus spacieux et décloisonné » ;
- élargissement de son offre en lui adjoignant des rayons de CD et de DVD ;
- ouverture à l'heure du déjeuner entre midi et 14 heures ;

– polyvalence des conseillers libraires ;
– création à l'étage d'un espace « de lecture et de flânerie » très apprécié des jeunes ;
– développement d'un programme de fidélisation par carte ;
– création d'un site Internet permettant la réservation et la commande de livres ;
– installation d'une borne permettant le téléchargement de livres numériques.

En second lieu, la librairie souhaite se différencier de ces enseignes :

– en exploitant son ancrage local et son identité burgienne par une communication abondante sur les événements culturels locaux (notamment sur son site Internet) ;
– en mettant en œuvre « un programme important d'animations, de rencontres avec les auteurs [...] et de conférences » ;
– en valorisant son statut de librairie indépendante.

La librairie Montbarbon a donc cherché à adapter son offre et à la développer qualitativement, afin d'obtenir la préférence des consommateurs. Il s'agit donc d'une stratégie de différenciation. Le choix de cette option s'explique par le fait que la notoriété et l'ancienneté de la librairie Montbarbon lui donnent une crédibilité certaine quant à la qualité de son offre (« redonner à Bourg-en-Bresse la librairie qu'elle méritait »). En outre, en termes de positionnement stratégique, il peut être pertinent de se démarquer de l'offre « standardisée » des grandes enseignes comme E-Leclerc et Cultura.

5 **Indicateurs financiers :** le bénéfice s'élève à 50 000 €, le chiffre d'affaires a progressé entre 2010 et 2011, passant de 2,333 M€ à 2,539 M€ et le magasin a enrayé la baisse d'activité de 35 % liée à l'ouverture des deux enseignes de la périphérie.
Indicateurs commerciaux : 4 000 porteurs de la carte de fidélité.
On peut donc affirmer, à partir de ces éléments, que la stratégie adoptée est pertinente et efficace.

6 La région Rhône-Alpes est une organisation publique. C'est une collectivité locale (territoriale), dont la finalité est de satisfaire l'intérêt général en produisant des biens et services publics. Les régions, du fait de la décentralisation notamment, ont des compétences en matière de développement économique et de soutien à l'emploi. L'octroi d'une « subvention pour agrandissement et implantation de librairies » est donc une opération qui entre dans leur champ d'action.

Afrique-Europe, juin 2014

Pubert amortit le choc de la crise grâce à l'export

Les crises affectent les organisations. Elles doivent innover en permanence pour conserver leur place de chef de file et poursuivre leur développement.

À l'aide de vos connaissances et des documents 1 à 6, vous analyserez la situation de management en répondant aux questions suivantes :

1 Repérer les éléments caractéristiques de l'organisation Pubert.

2 Identifier et justifier le mode de production de cette organisation.

Cette question fait référence au programme de première (« le mode de production de l'organisation ») et vise à faire émerger les notions de flux (tendus ou poussés), d'externalisation et de démarche qualité. Cette dernière caractéristique est la plus remarquable dans le cas de Pubert.

3 Repérer les avantages concurrentiels de Pubert, à partir de l'analyse des compétences et des ressources de l'organisation.

Les avantages concurrentiels sont les éléments propres à une entreprise qui lui permettent de « garder une longueur d'avance » plus ou moins durable sur ses concurrents. Il faut analyser ici les ressources et compétences de Pubert pour repérer les éléments qui lui permettent de rester leader sur son marché malgré une concurrence importante.

4 Repérer les éléments du diagnostic externe et formuler le problème de management que rencontre Pubert depuis 2008.

Cette question très classique consiste à identifier et classifier de façon synthétique (un tableau est souvent apprécié des correcteurs) les opportunités et les menaces de l'environnement de l'organisation Pubert. Il faut absolument veiller à ne pas y faire figurer des éléments relatifs au diagnostic interne (éléments qui seront pénalisés), à savoir : la forte capacité d'innovation, le savoir-faire et le dévouement des salariés...

5 Identifier les options stratégiques opérées depuis 2010 et apprécier la pertinence de ces choix.

La référence aux options stratégiques (programme de terminale) limite celles-ci aux suivantes : différenciation, domination par les coûts, spécialisation, diversification, externalisation et intégration. La référence à 2010 est importante parce qu'elle se rapporte clairement à l'ouverture d'un site de production en Chine. À partir de là, l'identification de l'option correspondante est facilitée. Vous pouvez également procéder par élimination pour déterminer l'option correspondante.

6 Définir, en les distinguant, les critères d'évaluation de la performance choisis par Pubert.

Les critères d'évaluation de performance (programme de première) doivent être repérés dans les annexes. Les candidats qui les classeront selon leur caractère quantitatif (résultats financiers, évolution du chiffres d'affaires...) ou qualitatifs (satisfaction des clients, des employés, respect du développement durable...) seront valorisés.

7 Identifier les facteurs de motivation mis en œuvre pour mobiliser le personnel de Pubert.

La principale difficulté de cette question peut être pour le candidat l'absence d'éléments relatifs à la rémunération du personnel. Aucun élément de la rémunération (directe ou indirecte) n'est en effet précisé dans les annexes. Il faut donc identifier les autres facteurs de la motivation : la satisfaction des besoins de reconnaissance et d'appartenance des salariés principalement. La notion de culture d'entreprise, nouvellement introduite dans le programme en STMG, doit également être mise en évidence.

Annexes

Annexe 1

Présentation de Pubert

Pubert est la plus vieille société industrielle familiale de Vendée, dont l'histoire remonte à 1840. La société fabriquait alors des charrues agricoles. En 1960, la société commence par fabriquer des accessoires pour la motoculture de plaisance puis, 16 ans plus tard, en 1976, c'est la naissance du premier motoculteur Pubert. En 1997, la société innove avec la sortie de la première motobineuse à commande pneumatique qui apporte un confort d'utilisation inégalé.

Depuis, Pubert, qui propose toujours des outils de préparation de la terre, est premier constructeur mondial de motoculteurs. Elle est aussi leader dans la fabrication des débroussailleuses à roues. Elle propose aux jardiniers amateurs et aux professionnels une très large gamme adaptée aux situations et aux besoins les plus variés ; des motoculteurs professionnels, capables de préparer la terre sur une profondeur importante, des motobineuses légères polyvalentes qui peuvent rendre la terre plus meuble, plus légère, enlever les mauvaises herbes et retirer la mousse du gazon. Pour le débroussaillage, toute une gamme de tondeuses débroussailleuses ou de faucheuses-débroussailleuses. Enfin, pour le recyclage et le compactage des déchets verts, elle fabrique depuis 2011 des broyeurs à végétaux.

(Source : www.pubert.fr.)

Annexe 2

Interview de Jean-Pierre Pubert, PDG

P Ralmbaud : « Comment passe-t-on de Chantonnay au reste du monde ? »
J.- P. Pubert : « Nos premières expériences à l'export ont commencé en 1988 sur le sud de l'Europe et dès 1991, après la chute du mur de Berlin ; il y avait 250 millions d'habitants qui avaient tous des jardins potagers et qui faisaient tout à la main. Donc il a fallu se faire connaître et s'implanter. »
P Raimbaud : «Vous êtes actuellement leader sur votre marché. Comment voyez-vous l'avenir ? »
J.- P. Pubert : « Aujourd'hui, les perspectives ont un peu changé à travers cette crise que nous avons traversée comme tout le monde. Mais cette crise, elle a du bon. Beaucoup de concurrents étaient malades avant cette crise et ils vont disparaître donc cela laisse de nouveaux espaces pour nous. L'avenir risque de nous donner des opportunités de croissance. Les flambées des prix des produits alimentaires régulières (2007, 2011 et 2013) ont incité les classes moyennes des BRICS [1] au pouvoir d'achat croissant, à s'orienter vers le jardinage et le potager. Ce phénomène est d'autant plus marqué que ces populations sont pour beaucoup issues du monde rural.
De plus, le monde est tellement grand, il y a des pays où il y a de l'insuffisance nutritionnelle, où la sauvegarde de l'avenir de la population passera par la petite mécanisation de l'agriculture, je pense notamment à l'Afrique, à l'Asie, à certains pays d'Amérique du Sud où nous avons commencé à poser des jalons. Notre objectif est d'atteindre, d'ici à 5 ans, la barre des 100 millions d'euros de chiffre d'affaires et 80 % à l'export. »
P Raimbaud : «Le succès de votre société, c'est aussi la réussite de vos collaborateurs ! »
J.- P. Pubert : « Oui car une société, ce n'est pas un homme, c'est avant tout une équipe avec des valeurs morales et de travail exceptionnelles, avec un grand respect entre les gens qui sont dans l'usine et leurs dirigeants. Cela permet de se parler franchement et sans détour. Tout le monde se connaît dans l'entreprise. De plus, une relation de confiance mutuelle est aussi construite entre la direction et les salariés. Ces derniers sont responsabilisés ; ils se voient confier des challenges et bénéficient de beaucoup d'autonomie dans l'organisation et l'amélioration de leur travail, De plus, nous encourageons les idées et les initiatives. C'est l'investissement de tous qui permet la réussite collective de Pubert. Et pour cela, je les félicite. » [...]

(Source : *TV Vendée*, octobre 2009.)

1. BRICS : Brésil, Russie, Inde, Chine, Afrique du Sud.

Annexe 3

La production

Pour produire annuellement les 150 000 exemplaires de ces petits motoculteurs ainsi que les 15 000 débroussailleuses à roues, ce qui représente 1 000 machines par jour en pleine saison, Pubert possède quatre sites de production : le principal se trouve à Chantonnay (Vendée) avec 20 000 m^2 et 150 salariés, le second se trouve à Lons-le-Saunier (Jura) avec 7 000 m^2 et 40 salariés et le troisième à Alès (Gard) avec 6 000 m^2 et 25 salariés. Le dernier site a été ouvert en 2010 en Chine avec 30 salariés pour renforcer la compétitivité de Pubert sur les marchés russes et asiatiques avec des modèles plus basiques et moins chers. Cependant, 99 % des machines vendues en France sont produites en France.

La production est ensuite vendue sous sa propre marque mais également pour une grande partie, sous d'autres noms comme Honda, Husqvarna ou encore Staub. 70 % de la production est vendue à l'exportation dans 40 pays différents. L'ensemble représente un chiffre d'affaires de 63 millions d'euros.

Au fil des années, la société a intégré de nouvelles technologies pour produire des machines toujours plus efficaces, plus pratiques à utiliser, robustes et à des prix de revient très compétitifs. La société consacre une part importante de son chiffre d'affaires à la recherche et au développement de nouvelles technologies (2 %). Chaque année, elle dépose de nombreux brevets, marques et modèles (5 à 10) pour une dépense totale de 100 000 euros. Elle anticipe les changements majeurs comme la création en 2009 de la première motobineuse électrique à batterie en utilisant les dernières technologies du monde de l'automobile. L'essentiel du savoir-faire de Pubert n'est cependant pas dans ses machines mais dans les hommes et les femmes de cette société vendéenne. À tous les niveaux de la production, ils ont l'amour du travail bien fait. La satisfaction de ses salariés est un critère important pour la direction au même titre que la réduction des délais de production.

Conscient de l'importance d'avoir des produits solides, l'organisation s'attache aussi à évaluer son taux de retour. C'est-à-dire qu'elle calcule le total des sommes dépensées pour réparer un produit qui ne convenait pas ou qui présentait un défaut. Ensuite elle rapporte ce montant sur son chiffre d'affaires pour déterminer son coût de garantie. L'idée étant d'avoir un ratio le plus bas possible, ce qui correspond bien aux valeurs défendues par la société.

Les difficultés économiques survenues depuis 2008 ont aussi remis en question la position de leader de Pubert sur sa niche de marché. En 2010, Jean-Pierre Pubert, en chef d'entreprise avisé, a décidé de réagir. En février 2010, une usine de production est ouverte à Xindao en Chine pour des raisons défensives. Pas question de délocaliser et de rompre avec le credo de « Pubert père » : « On ne fait pas de produit de bas de gamme chez Pubert. On produit en France, de la qualité. » Cette usine chinoise est donc dédiée à la production des produits premiers prix, nouveaux modèles créés par obligation concurrentielle et pour séduire les consommateurs des pays émergents. Aujourd'hui en 2012, la production de Pubert provient à 90 % de France et le reste provenant du site de production chinois.

Annexe 4

La motobineuse laboure l'Europe

Jean-Pierre Pubert, lauréat du trophée « Les chênes du Grand Ouest », dans la catégorie « entreprise familiale » s'exprime sur la réussite de son entreprise :
« Être une entreprise familiale aide-t-il en pleine crise ? Indéniablement. Alors que nous avions une croissance à plus de 2 chiffres chaque année avec la vente de nos motobineuses à travers le monde, la crise nous a atteints très violemment dès octobre 2008. Notamment depuis la Russie, où tout s'est arrêté du jour au lendemain. Il fallait réagir pour garantir notre position de leader sur notre marché. Être la sixième génération de Pubert à la tête de l'entreprise, depuis 1840, a permis de parler clairement au personnel des difficultés. Nous devions alors faire le dos rond. Cela n'a été possible qu'avec la solidité de nos ressources financières qui nous permettent de nous passer des banques.

Nous menons des combats énormes : produire en France, aujourd'hui, n'est pas facile, surtout lorsque l'on produit des biens de consommation. Nous nous heurtons depuis 2008 aux Chinois qui vendent partout dans le monde, à des prix défiant toute concurrence. Certains d'ailleurs n'ont aucun scrupule : nous ne sommes pas dans l'équité et nous ne défendons pas les mêmes valeurs. Nous nous confrontons à des concurrents ayant recours à la contrefaçon, au non-respect des normes de qualité et aussi à une main-d'œuvre employée bien au-dessous des recommandations du Bureau international du travail.

Toutefois, je reste optimiste : nous avons pratiquement gagné toutes les batailles que nous avons menées. Demain, il y en aura d'autres. Mais je garde espoir. Nos produits arrivent très bien à s'exporter. Nous sommes présents dans 40 pays avec un chiffre d'affaires de 70 % à l'export. La crise nous a confortés dans nos valeurs : faire de la qualité, produire en France et innover. Nous innovons beaucoup. L'innovation est la clé du succès. Nous avons beaucoup de respect pour nos clients et aucun a priori. Nous nous adaptons toujours à leurs besoins pour mieux les satisfaire. Si nous n'avions pas tant innové, nous ne serions pas là ce soir, mis à l'honneur.

Ce prix me touche profondément parce qu'il concerne ce que j'ai de plus cher au cœur : la famille, une famille au sens large... Je dédie surtout ce prix à tous les collaborateurs de l'entreprise – cadres, chefs d'équipe ou opérateurs – qui sont formidables. Ce sont des équipes soudées qui agissent à l'unisson, à l'image de l'équipe de football de l'entreprise, souvent victorieuse lors du championnat inter-entreprise. J'ai essayé de leur transmettre en permanence cette foi pour que nous livrions bataille, sur tous les fronts. Si nous remportons autant de victoires, c'est grâce à eux, grâce à leur engagement et leur créativité. Je les remercie du fond du cœur. J'espère qu'ils ressentent aussi le fait d'appartenir à une famille, qu'ils sont fiers d'être chez nous. On peut les applaudir... »

(Source : *Nouvel Ouest*, n° 187, mai 2012.)

Annexe 5

Pubert : Fleuron français de la motoculture

La société Pubert passa d'un artisanat organisé à une industrie lourde dans les années 1990 [...] et décida alors de miser sur les marchés à l'export. Une stratégie payante au fil du temps.

Autonomie d'action préservée

Le secret de cette société familiale est de n'avoir toujours compté que sur ses fonds propres, sans faire appel au crédit pour financer son activité, ce qui place Pubert dans les 3 % de sociétés françaises à bénéficier d'un « triple A » auprès de la Banque de France. Pubert a ainsi conservé sa capacité d'innovation avec un investissement systématique dans la recherche et le développement de nouveaux process industriels et techniques. Dernier exemple : l'acquisition pour 200 000 euros d'une ceintreuse numérique pour réaliser des guidons courbés offrant plus de confort pour les utilisateurs.

Un outil industriel de pointe

Dans un climat économique où l'on doute encore de l'intérêt d'une industrie française basée dans l'Hexagone, il suffit de visiter l'usine Pubert à Chantonnay pour se convaincre du contraire. En effet, on y trouve tout ce qu'une industrie peut déployer en équipements modernes afin d'assurer sa compétitivité sur les marchés : ceintreuse à commande numérique, robots soudeurs, chaîne de peinture robotisée, caroussel automatisé pour alimenter en pièces la chaîne d'assemblage, emballage robotisé, salle de contrôle unique au monde pour tester les machines en fin de chaîne (plus de 50 points de contrôle), imprimerie intégrée dans le processus de production pour éditer en temps réel les différents documents de chaque machine, etc.

Transmission : une boîte à part...

De plus, Pubert a récemment investi dans un banc test unique au monde qui valide le parfait fonctionnement de chaque boîte de transmission, panne la plus fréquemment observée sur les motoculteurs. Cinq postes de travail sont d'ailleurs spécialement prévus pour ces boîtes de transmission, dont quatre postes pour le montage et un pour le test final avant acheminement vers la chaîne de montage. Ainsi, la totalité des boîtes de transmission est testée avant d'être incorporées dans le produit fini. De plus, cette nouvelle boîte de transmission a été conçue et développée par l'entreprise Pubert en partenariat avec un constructeur automobile français de renom.

« Tillence », la nouvelle motobineuse à batterie.

« Tillence », une contraction du mot « tiller » (motoculteur en anglais) et « silence », est le fruit des nombreux efforts réalisés en recherche de nouvelles innovations. Ce produit relève le défi d'une machine de qualité à un prix plus abordable que les premiers modèles de motobineuses à batterie commercialisés sur le marché. Important : ces innovations sont prises en charge à 100 % par Pubert, qui ne les répercute pas sur les prix de vente des machines. Tillence cible les travaux d'embellissement du jardin ou d'entretien du potager pour une utilisation d'environ 4 heures hebdomadaires. Les femmes sont ciblées à travers une machine esthétique, moderne, légère et qui reste simple à utiliser. D'un poids de 32 kg, son coût de fonctionnement et d'entretien pour le consommateur est environ vingt fois inférieur à un modèle comparable équipé d'un moteur thermique. Du fait de sa grande discrétion sonore, cette motobineuse permet de travailler même en zone pavillonnaire le dimanche.

(Source : d'après www.moteursloisirs.com, n° 262, 30/11/2011.)

Annexe 6

Le jardinage, un marché très lucratif

Les ventes se font principalement en circuit spécialisé (grande surface de bricolage, jardineries, libre-service agricole...). Le jardinage urbain est un phénomène généralisé. Les ménages accèdent aujourd'hui à la propriété, vers 35-40 ans et n'ont souvent pas vu leurs parents jardiner. Ils sont donc peu experts. C'est une génération qui se documente beaucoup, dans les magasins spécialisés, les salons et sur Internet. En France, c'est un très gros marché qui continue à augmenter d'environ 5,5 % tous les ans. Le marché du jardinage en France pesait, en 2012, 7,252 milliards d'euros en chiffre d'affaires HT contre 5,942 milliards d'euros en 2004, soit 290 euros par an et par ménage.

– 90 % des foyers en France disposent d'un espace de jardinage lié à leur habitat principal, dont 69 % ont un jardin, 47 % une terrasse, 32 % un balcon, et 50 % un rebord de fenêtre fleurissable.

– 77 % des jardins ont une pelouse et 38 % un coin potager.

« Comme aux USA, en Italie, en Grande-Bretagne ou aux Pays-Bas, l'augmentation du temps libre, la vague écolo et l'envie de manger bio et sain amènent en masse les citadins dans les jardineries. Les scandales alimentaires et les risques phytosanitaires de ces dernières années ont accentué cette tendance. De plus, la crise a joué un facteur non-négligeable : cultiver son potager permet à un ménage d'économiser jusqu'à 500 euros par an sur ses dépenses alimentaires », confirme le consultant Georges Chetochine. Au cours de la dernière décennie, le phénomène n'a cessé de s'amplifier : la mise en culture de 13 millions de jardins, de 1987 à 1998, a fait les beaux jours des professionnels.

Les Français se mettent à jardiner quand il commence à faire beau. Il suffit donc d'un mois d'avril pourri pour déstabiliser le marché. Bien que le nombre de jardins individuels progresse en France, leur superficie est inférieure et ils sont moins plantés. Pour contrer cette tendance, les grandes marques misent sur l'innovation.

Cette dynamique de marché est similaire dans les pays émergents actuellement.

(Source : www.planetoscope.com.)

1

Type	Organisation à but lucratif.
Forme	Entreprise privée.
Finalité	Réaliser des profits et assurer sa pérennité.
Taille	Il s'agit d'une PME car le nombre de ses salariés est inférieur à moins de 500 (150 + 40 + 25 + 30).
Nationalité	Il s'agit d'une entreprise française.
Ressources	**humaines** : 245 salariés répartis sur 4 sites dans le Jura, en Vendée, dans le Gard, et en Chine. **matérielles** : 4 sites de production, des machines-outils innovantes (ceintreuse numérique...). **immatérielles** : nombreux brevets et marques. **financières** : réserves financières importantes qui permettent de ne pas recourir aux emprunts bancaires.
Métier	Pubert conçoit et produit du matériel de jardinage à destination des très petits exploitants et des jardiniers amateurs : motoculteurs, motobineuses, débroussailleuses...
Champ d'action	International : la production est concentrée en France et sur un site chinois depuis 2011, mais les produits de Pubert sont exportés dans 40 pays.

2 Pubert est une entreprise qui fabrique des outils de jardin en grandes séries (voire en continu) : plus de 1 000 machines sortent de ses usines chaque jour.

Par ailleurs, on peut aussi souligner que la production est complètement intégrée (conception, RD, qualité...) et que Pubert ne recourt pas à l'externalisation de sa production.

Enfin, le mode de production de cette entreprise est surtout caractérisé par une démarche qualité très poussée (évaluation et détermination des coûts de retour au service après-vente, contrôles et tests approfondis de certains éléments clés des produits...).

3 L'avantage concurrentiel principal de Pubert réside dans la capacité de cette entreprise à innover et à proposer en permanence des produits qui répondent aux besoins des clients et améliorent le confort d'utilisation. Ces innovations sont le fruit d'une démarche très volontariste de l'entreprise qui investit chaque année des sommes importantes dans la recherche-développement (dépôt de plusieurs brevets par an). Cela permet à Pubert de mettre sur le marché des produits novateurs (motobineuse à commande pneumatique, motobineuse électrique à batterie...).
Par ailleurs, la marque Pubert et ses autres marques sont également des ressources immatérielles importantes, gages de qualité et de savoir-faire.

4

Opportunités	Menaces
Concurrence : elle souffre plus de la crise et de nombreuses entreprises risquent de disparaître, laissant « de nouveaux espaces » à Pubert. Les classes moyennes des BRICS s'orientent de plus en plus vers le jardinage et le potager à cause des crises alimentaires. Évolution très favorable du marché du jardinage en France. Évolution des tendances socioculturelles : les ménages se tournent aujourd'hui vers les légumes récoltés au potager, souhaitent cultiver pour des raisons sanitaires, économiques ou écologiques leurs propres légumes...	Crise économique depuis 2008 qui affecte toutes les entreprises, dont Pubert. Concurrence étrangère : les produits chinois « vendus partout dans le monde, à des prix défiant toute concurrence », peu scrupuleuse avec la propriété intellectuelle.

5 Depuis 2010, Pubert a fait évoluer sa stratégie et son credo (« ne produire qu'en France des outils d'excellente qualité ») en installant un site de production en Chine dédié à la fabrication d'outils d'entrée de gamme destinés aux marchés émergents. Il s'agit donc ici d'une stratégie de **domination par les coûts** visant à préserver les parts de marché de Pubert sur ces produits d'entrée de gamme.
C'est une stratégie intéressante parce qu'elle permet à Pubert de limiter l'expansion des concurrents notamment chinois qui peuvent par la suite monter en gamme et concurrencer Pubert sur des produits plus innovants et plus élaborés.

6

Critères quantitatifs	Critères qualitatifs
Leader mondial de la vente de motoculteurs. Chiffre d'affaires de 63 millions d'euros. Nombre de brevets et modèles déposés (5 à 10 par an).	Taux de retour des produits pour améliorer la qualité. Investissement régulier dans la recherche-développement. Triple A auprès de la Banque de France.

7 Les facteurs de motivation mis en œuvre pour mobiliser le personnel de Pubert résident essentiellement dans la satisfaction des besoins d'appartenance et de reconnaissance des salariés.

Appartenance par la mise en avant systématique des valeurs qui fondent la culture de cette entreprise très ancienne (goût de la qualité, dévouement aux clients, amour d'un savoir-faire, attachement aux racines et aux fondateurs de l'entreprise...). L'équipe de sport de l'entreprise vise aussi à entretenir ce sentiment d'appartenance à Pubert.

Reconnaissance avec les déclarations du dirigeant de l'entreprise qui insiste longuement sur les qualités et les compétences des salariés qui se sont succédé dans l'entreprise. Enfin, les idées et les initiatives des salariés sont encouragées, ce qui peut accroître leur satisfaction.

Polynésie, juin 2014

La Galerne : une stratégie globale efficace face à un environnement turbulent

La librairie indépendante La Galerne n'attend pas d'être bousculée par un marché du livre en pleine mutation pour mener une démarche stratégique lui permettant de pérenniser son activité.

À l'aide de vos connaissances et des documents 1 à 8, vous analyserez la situation de management en répondant aux questions suivantes :

1 Identifier les métiers de l'organisation La Galerne. Justifier ce choix stratégique des dirigeants.

Cette question semble simple, car à l'évidence La Galerne n'exerce qu'un métier principal (ce que l'organisation fait concrètement). Néanmoins, le candidat ne doit pas négliger l'activité de restauration proposée aux clients de la librairie, qui est un métier différent, avec des compétences propres.

2 Repérer les éléments de diagnostic stratégique interne et externe de l'organisation.

Un soin particulier doit être apporté ici pour bien classer les différentes parties du diagnostic de l'organisation. Des confusions sont parfois possibles entre faiblesses et menaces. Par exemple, la hausse des charges d'exploitation relève-t-elle des faiblesses (internes) ou est-elle la conséquence de la hausse des prix de l'immobilier en centre-ville (externes) ?
Au-delà des choix du candidat, c'est la justification de sa réponse qui sera valorisée.

3 Formuler le problème de management rencontré par la Galerne.

Cette question est classique dans les sujets de management. Ici, l'identification de ce problème est facilité car un seul grand problème se pose : la baisse prévisible de l'activité à cause des bouleversements que connaît le secteur du livre.
Si néanmoins vous identifiez plusieurs problèmes, il faudra alors les présenter en les hiérarchisant.

4 Présenter les décisions prises par Serge Wanstok pour répondre à ce problème en distinguant celles relevant du management stratégique et celles relevant du management opérationnel.

Les décisions en question sont ici assez faciles à repérer. La difficulté est de les décliner dans leurs dimensions stratégique (vision à long terme de La Galerne) et opérationnelle (mise en œuvre de la stratégie).
Nous avons des éléments pour la librairie du Musée, peu d'éléments pour le site Internet (réalisé en interne ? recours à un prestataire ?).

5 Montrer comment les ressources humaines de La Galerne constituent un facteur clé du succès de la réalisation de ces décisions et déterminer les moyens mis en œuvre par cette organisation pour animer et mobiliser ses salariés.

Plusieurs éléments disséminés dans les annexes soulignent l'importance des concurrents comme Amazon. Aussi, le principal vecteur pour s'en démarquer reste-t-il la qualité de l'accueil en librairie. D'où l'importance des ressources humaines, qu'il faut justifier dans votre réponse.

6 Exposer les avantages de la mise en place d'une délégation de service public, d'une part pour la Galerne et d'autre part pour la commune du Havre.

Cette question fait référence aux intérêts stratégiques du recours à une délégation de service public. Si l'intérêt est souvent évident pour les entreprises concessionnaires (hausse d'activité, profits), pour l'organisation publique concédante, les motivations peuvent varier : absence ou perte d'un savoir-faire et de compétences spécifiques, réalisation d'économies... Il faut donc bien maîtriser les connaissances associées à cette partie du programme de Terminale.

Annexes

Annexe 1

Présentation de la librairie La Galerne

La Galerne est une librairie généraliste située au Havre. C'est une SAS (société par actions simplifiée) au capital social de 52 466 € créée en 1982 par Gilles de La Porte.
La Galerne propose aujourd'hui 70 000 titres et 100 000 volumes sur une surface de 1 300 m^2. Son équipe de 35 personnes s'organise pour assurer un accueil de qualité du lundi au samedi de 10 h à 19 h :

- des libraires spécialisés dans chaque domaine éditorial sont là pour aider, conseiller ou rechercher et commander le livre souhaité par le client ;
- des agents de caisse ;
- des serveuses au café-restaurant ;
- des agents à l'accueil téléphonique et à l'accueil physique pour notamment les prises de commande ;
- des agents dédiés à la clientèle des collectivités ;
- des agents pour la réception, la mise en stock et la répartition des livres dans les différents rayons ;
- des agents et cadres administratifs : direction, communication, achats, comptabilité.

De nombreux canapés sont à la disposition de chacun pour s'installer tranquillement et consulter les livres en présentation.
Le café de La Galerne accueille aux mêmes horaires. On y déjeune ou déguste une pâtisserie au milieu des livres.

La Galerne se considère comme un acteur culturel au service du livre et de la lecture. Elle organise de nombreuses rencontres et signatures (une centaine par an), des prix littéraires, des expositions et participe à de nombreuses manifestations culturelles locales.

(Source : d'après www.lagalerne.com/decouvrir-la-librairie.)

Annexe 2

La Galerne fait face aux évolutions de son environnement

Serge Wanstok, qui assurait déjà la direction de l'établissement depuis plusieurs années, a succédé fin 2010 aux fondateurs de La Galerne, désireux de prendre leur retraite. S'il s'inscrit dans le droit fil de ses prédécesseurs, le nouveau dirigeant n'en est pas moins confronté à de nouveaux défis. L'enjeu est de « continuer à donner envie de venir à La Galerne », alors que la culture de l'immédiateté amène à acheter des livres depuis chez soi. [...] Cela impose, selon lui, d'être toujours plus accueillant et toujours plus compétent. « Nous devons continuer à être des défricheurs, des découvreurs, des passeurs et à montrer qu'il se passe quelque chose chez nous. Les rencontres et signatures ne sont pas rentables en elles-mêmes, mais elles nous différencient d'un Amazon qui ne reçoit ni Sabine Wespieser, ni Daniel Pennac [1]. Cela est d'autant plus important, poursuit-il, dans un environnement instable et incertain, tel que celui du marché du livre, en crise depuis plusieurs années. Il s'agit pour nous d'être réactifs afin de rester performants sur un tel marché pour assurer notre pérennité. L'enjeu actuel est d'endiguer notre baisse de chiffre d'affaires qui nous met dans une situation réellement difficile ».
Quoi qu'il en soit, pas question de tout chambouler. La Galerne a des bases solides et un concept qui reste d'actualité. « La force de Gilles de La Porte est d'avoir su anticiper les attentes des clients et se projeter dans le futur », analyse Serge Wanstok. Dès 1982, lorsqu'ils créent une librairie au Havre, ses fondateurs jouent d'emblée la différence en installant des tables avec un libre accès aux livres, ce qu'aucun des cinq établissements généralistes de la ville ne propose à l'époque. Immédiatement, le succès est au rendez-vous. Il maintiendra ce cap jusqu'à franchir un pas de géant en 1999. Anticipant de quelques mois l'arrivée de la Fnac, La Galerne s'installe sur 900 m^2 dans son local actuel, situé dans l'hyper centre du Havre, malgré des charges locatives élevées, avec la volonté de devenir un lieu de vie. Si la librairie s'est ensuite encore agrandie de 400 m^2, son concept est déjà posé : un aménagement épuré sans être froid, de grandes allées, des canapés disposés dans différents rayons et, surtout, un café-restaurant installé au cœur du magasin. Contribuant à hauteur de 2,5 % seulement au chiffre d'affaires, ce café-restaurant est aujourd'hui devenu un élément fort de l'identité de la librairie.
L'autre grande force de La Galerne réside dans sa capacité à s'adresser à tous les publics. « À côté des romans, du théâtre et de la poésie, nous avons tout de suite proposé des

1. Sabine Wespieser est un éditeur et Daniel Pennac est un écrivain.

guides de voyages, des livres de cuisine... », rappelle Gilles de La Porte. La Galerne est une vraie librairie généraliste, où se côtoient des livres et des publics très différents. Cela fonctionne grâce à une organisation très claire de l'offre, ce qui permet à chacun de s'y retrouver et de ne pas se sentir jugé.
Que ce soit commercialement ou économiquement, [...] en l'espace de seulement trente ans, elle est devenue, grâce à ses innovations, une référence culturelle et sociale au Havre.

(Source : d'après www.uco-laval.net, 2012.)

Annexe 3

Les libraires contre Amazon

Les libraires s'organisent face aux acteurs qui les menacent et à l'avenir complexe qui les attend.
[...] Ces libraires, qui détiennent en France 43 % du marché du livre sont confrontés à un effet de ciseaux : l'augmentation des charges et un marché en légère baisse.
Selon Matthieu de Montchalin, président du Syndicat de la librairie française (SLF), l'activité des libraires a reculé d'environ 1,5 % depuis le début de l'année 2012. La grande distribution – qui écoule une BD sur 4 – et les grandes surfaces spécialisées connaissent un recul encore plus fort de leurs ventes de livres : -5 % pour la FNAC depuis début 2012, alors que Virgin annonce plusieurs fermetures.
Sans bénéfice, la survie
« *Le libraire et le fleuriste sont les commerçants qui ont la plus faible rentabilité, à l'opposé de l'opticien* », note Matthieu de Montchalin. Les libraires résistent, mais ne dégagent pratiquement pas de bénéfices : 2 200 euros de bénéfice annuel en moyenne et une rentabilité moyenne de 0,3 %. Insuffisant. [...]
Il faut des m^2 mais aussi du stock et les capacités à le financer. Or, les librairies sont gloutonnes en termes de stock. Dernier point, le besoin en personnel représente pour nous un lourd investissement. Dans une librairie indépendante, la masse salariale pèse trois fois plus que dans un hyper et dix-huit fois plus que pour les vendeurs Internet. La raison, c'est que nous avons besoin de libraires compétents et formés. [...]
Progression des ventes en ligne
Sur un marché du livre en léger recul depuis 10 ans, seuls les distributeurs de livres par Internet progressent. Parties de zéro il y a quinze ans, ces ventes représentent aujourd'hui plus de 13 % des livres vendus en France, dont plus de la moitié le sont par Amazon, le premier cybermarchand du monde (48 milliards de dollars de chiffre d'affaires en 2011). C'est un poids plus faible que dans les économies comparables à la nôtre (20 % en Allemagne environ, 30 % en Grande-Bretagne et 45 % aux États-Unis), mais significatif. Amazon sait que les Français sont de plus en plus acquis à la cause de l'immédiateté qui permet de commander depuis chez soi.

(Source : Claire Garnier, www.slate.fr/story, décembre 2012.)

Annexe 4

Le livre numérique, un marché marginal mais en forte croissance

Arrivée un peu tard sur le marché, contrairement aux États-Unis ou au Canada, la France connaît aujourd'hui un intérêt croissant pour le livre dématérialisé. Les chiffres oscillent entre 1 et 2 % du marché du livre contre 20 ou 25 % aux États-Unis, mais il est dans une forte croissance. Ainsi, les derniers prix Goncourt sont désormais tous achetables en format numérique.

Le retard français peut aussi s'expliquer par des réticences très marquées. Selon le baromètre de l'économie numérique du premier trimestre 2013 réalisé avec Médiamétrie, plus de la moitié des Français – 55,2 % – n'a jamais lu un livre numérique et n'envisage pas de le faire, contre 19,3 % qui confirment l'avoir déjà fait. Pour Alban Cerisier, secrétaire général des éditions Gallimard en charge de la stratégie numérique, cela « s'explique sûrement par un très grand attachement au livre imprimé, et surtout par la présence réelle du livre imprimé partout ». Entre retard et réticences, le livre numérique est pourtant au cœur des enjeux du futur.

(Source : www.lepoint.fr, 14/04/2013.)

Annexe 5

Et vogue La Galerne...

Dans un marché du livre confronté à une révolution des modes de consommation, comment les grandes librairies créées il y a plusieurs décennies en région dessinent-elles leur avenir ?

Sous le nom d'un vent du noroît[2] qui l'a portée jusqu'à en faire une des 20 premières librairies françaises, La Galerne poursuit sa route vers des horizons que chacun, au Havre, espère radieux. Outre un important programme d'animations, l'établissement s'est lancé dans deux projets importants : la reprise, en juin dernier, de l'espace de vente du musée d'art moderne André-Malraux du Havre et l'ouverture, fin octobre, d'un nouveau site Internet.

La librairie, pour reconquérir une partie de la clientèle, propose aussi certaines évolutions dans le magasin. Le rayon jeunesse a ainsi été réorganisé pour étoffer la sélection de jouets et de papeterie. Serge Wanstok réfléchit aussi au déménagement de la pochothèque[3]. Ce rayon, très important pour l'image et l'économie du magasin, est situé au sous-sol depuis 2004. C'est peut-être le moment de le remonter au rez-de-chaussée.

(Source : d'après www.uco-laval.net, 2012.)

---

2. Désigne un vent venant du Nord-Ouest.

3. Pochothèque : rayon de librairie où l'on vend des livres de poche.

Annexe 6

Création du site Internet en octobre 2012

Au départ (en octobre 2011), Serge Wanstok explique que La Galerne n'a pas vocation à s'agrandir physiquement : « Sa taille actuelle correspond à son potentiel havrais», sa croissance passe donc par le Net. [...] « Un enjeu car aujourd'hui, 1 million d'euros de vente de livres par Internet se réalise par an au Havre. Ce marché ne doit pas nous échapper, dit-il. Le site va servir d'extension à la librairie. » Pour cela, le libraire compte sur l'originalité de son futur site qu'il veut différencier avec beaucoup de contenu. Il permettra à la librairie d'être ouverte 24 h/24, 7 j/7 ! À tout moment, les clients pourront consulter le stock, découvrir les conseils et les dossiers thématiques, « flâner » dans les rayons. Ils pourront également retrouver les invités en vidéo et consulter le programme de rencontres.
Ils pourront également choisir de réserver les livres et de les retirer à la librairie ou de les commander et les recevoir chez eux.
Aujourd'hui, après un an de fonctionnement, Serge Wanstok a peu de recul sur cette activité. Il aimerait mieux connaître ses clients internautes. Sont-ils de nouveaux clients ou des clients de la librairie qui profitent de ce nouvel outil ?

(Source : entretien avec Serge Wanstok, septembre 2013.)

Annexe 7

L'espace de vente du musée d'art moderne André-Malraux du Havre

À l'occasion de son cinquantième anniversaire, en 2011, le musée change de nom pour devenir le musée d'Art moderne André-Malraux, abrégé en MuMa (Mu pour musée, Ma pour Malraux). Grâce à de nombreux dons et legs, il possède la plus riche collection impressionniste de province. Le musée propose :

- un accueil comportant une librairie d'art où le visiteur peut acquérir cartes postales, posters, livres et souvenirs en liaison avec les collections du musée, mais aussi avec les expositions présentées ;
- des vestiaires différenciés pour les visiteurs individuels et les groupes scolaires ;
- une salle de conférence de 150 places où organiser débats, conférences, projections de films, concerts ;
- un café-restaurant avec vue sur l'entrée du port où se restaurer après la visite, organiser des rencontres et des cocktails ;
- une bibliothèque accessible à tout public.

(Source : http ://www.muma-lehavre.fr.)

En mai 2012, la ville du Havre confie à La Galerne la gestion de la librairie du MuMa dans le cadre d'une délégation de service public pour une durée de six ans.
Cela permet à La Galerne de renforcer sa présence au Havre en occupant différents lieux et ainsi de développer son activité, de renforcer ses liens avec la municipalité et de créer une dynamique au niveau de ses ressources humaines en favorisant des évolutions professionnelles : des salariés ont été ainsi promus libraires.

(Source : entretien avec Serge Wanstok, septembre 2013.)

Annexe 8

Des compétences indispensables à la performance – Entretien avec Serge Wanstock

Les auteurs : Face à une situation économique difficile, quelle politique menez-vous en termes de recrutement ?
Serge Wanstok : De nouvelles embauches ne sont prévues qu'en cas d'augmentation du chiffre d'affaires car alors le besoin de renforcement des équipes se fera sentir afin de satisfaire une clientèle plus nombreuse. De même, il faudra recruter si un membre de l'équipe souhaite partir. Cependant nous essayons de favoriser tant que possible le recrutement interne. Ainsi une serveuse a été promue libraire car de nouveaux besoins sont apparus lorsque nous avons repris l'espace vente du musée Malraux.
Les auteurs : Dans ce cas de figure, quels sont vos critères de recrutement ?
Serge Wanstok : La Galerne est connue et réputée pour son service au client. Nous recherchons donc des libraires qui maîtrisent les compétences de base en termes d'accueil, de gestion ou encore d'animation de l'offre. Cependant, chaque rayon est spécifique et demande des compétences qui lui sont propres. Par exemple, pour le rayon sciences humaines le choix s'est porté sur un candidat qui détenait une forte culture générale avec une formation en philosophie, ce qui lui permet de conseiller au mieux les clients du rayon. Par contre, quand il s'est agi de recruter une personne pour le rayon « livres de poche » l'accent a été mis sur l'appétence [4] à lire du candidat car celui-ci doit être à même d'orienter un client vers des titres d'ouvrage lorsque celui-ci lui explique ses goûts littéraires.
Les auteurs : En quoi ces compétences sont-elles nécessaires pour La Galerne
Serge Wanstok : Nous estimons que notre réussite est liée essentiellement à notre activité d'écoute et de conseil des lecteurs. Chaque libraire anime son rayon en mettant en avant les ouvrages qui lui semblent adaptés à sa clientèle : pour permettre au lecteur de s'approprier ces titres, il doit être capable d'en faire ressortir l'essence et ce qu'il peut apporter au lecteur. C'est là la complexité du métier de libraire : lire, transmettre l'envie et vendre.

(Source : entretien avec Serge Wanstok, septembre 2013.)

4. Appétence : envie, tendance qui porte vers ce qui peut satisfaire les penchants naturels.

1 Le métier de La Galerne est la librairie, c'est-à-dire la distribution de livres en tout genre (romans, BD...). La Galerne propose également un café-restaurant au sein de la librairie. Ce métier est très différent du premier, mais il ne constitue qu'une activité accessoire (2,5 % du chiffre d'affaires) et a pour objectif de rendre la librairie plus attractive et plus accueillante. Il s'agit donc d'un choix stratégique visant à développer et à maintenir la clientèle de La Galerne face à une concurrence très vive sur le marché du livre, en différenciant l'offre de la librairie.

2

Atouts	Faiblesses
La Galerne est une référence culturelle et sociale au Havre. Locaux très spacieux (1 300 mètres carrés) et accueillants avec des canapés, des tables, un café-restaurant, en plein centre-ville du Havre. L'accueil des libraires compétents et l'organisation de signatures et de présentations d'auteurs invités très régulièrement permet à La Galerne de se différencier, notamment des libraires en ligne. Offre généraliste, pour tout public, ce qui élargit son marché. Site Internet qui est un « prolongement » de la librairie.	Baisse du chiffre d'affaires de La Galerne qui met l'organisation dans une situation difficile. Faible rentabilité des librairies indépendantes (2 200 euros de bénéfice annuels). Augmentation des charges d'exploitation (loyers...). Poids de la masse salariale relativement important (salariés formés et compétents).

Opportunités	Menaces
Attachement des Français au livre imprimé.	Crise du marché du livre « en recul depuis 10 ans ». Augmentation des charges qui pèsent sur les librairies (loyers...). Forte concurrence des libraires en ligne qui gagnent des parts de marché. Les clients sont de plus en plus adeptes de « l'immédiateté » et se tournent vers les librairies en ligne. L'essor probable du livre numérique risque de réduire encore le volume des ventes de livres en librairies.

3 Le principal problème de management qui se pose à La Galerne est la question de sa pérennité à terme, compte tenu, d'une part, d'une augmentation de ses charges et d'autre part, de la baisse attendue de son chiffre d'affaires (concurrence des librairies en ligne). Une fois ce problème identifié par Serge Wanstok, cela implique de réagir en faisant évoluer son offre de façon à maintenir son niveau d'activité.

4 Serge Wanstok a pris deux décisions importantes pour faire face à ce problème de management : la création d'un site Internet et la reprise de l'espace de vente du musée Malraux du Havre. Il s'agit là de management stratégique (décisions très importantes engageant l'entreprise sur plusieurs années avec des budgets considérables). Ce management est ensuite décliné au niveau opérationnel avec le recrutement en interne d'une nouvelle libraire.

5 Les ressources humaines de La Galerne sont un facteur clé de succès : leur rôle de conseil et d'accompagnement des lecteurs est le principal élément différenciant la librairie de ses concurrents (surtout les libraires en ligne). Le lecteur doit être « pris en main », écouté, orienté par ces libraires pour le satisfaire, et donc le fidéliser.
De la même manière, Serge Wanstok doit à son tour fidéliser son personnel : pour cela, il offre, quand c'est faisable, des possibilités de promotion interne. Des salariés sont donc devenus libraires à l'occasion de la reprise de la librairie du musée Malraux.

6 Les avantages de la mise en place d'une délégation de service public pour La Galerne sont exposés dans les annexes :

- renforcer sa présence au Havre en occupant différents lieux ;
- renforcer ses liens avec la municipalité ;
- développer son activité en augmentant son chiffre d'affaires.

Pour la municipalité, les avantages sont les suivants :

- qualité des prestations effectuées par des professionnels reconnus dans le métier ;
- meilleure visibilité sur le coût et/ou les recettes que vont générer cette activité.

LMDE
SANTÉ DES ÉTUDIANTS
SÉCU • MUTUELLE • PRÉVENTION
EN FORME
POUR
LE BAC
web
LMDE
SANTÉ DES ÉTUDIANTS
SÉCU • MUTUELLE • PRÉVENTION
Aujourd'hui lycéen, demain étudiant...
MUTUALITÉ FRANÇAISE

PRÉSERVEZ VOTRE SOMMEIL.

DORMIR : POUR QUOI FAIRE ?

Dormir, manger ou boire sont des fonctions indispensables. **Dormir permet d'évacuer fatigue physique et psychologique** et de recharger ses batteries.

Et pendant le sommeil, on rêve ! On évacue ainsi tout ce qui encombre le cerveau, les fantasmes qu'on n'ose pas formuler. On stocke aussi les informations utiles.

Qui n'a pas fait l'expérience de la leçon relue avant de s'endormir et bien mémorisée le lendemain matin ?

BESOIN DE SOMMEIL ?

Selon des études effectuées auprès des lycéens, il apparaît qu'un lycéen dort en moyenne 8 heures par nuit pendant la semaine, 9 h 30 pendant le week-end et... 10 h 30 pendant les vacances scolaires. On peut en déduire qu'en période scolaire le compte d'heures de sommeil n'y est pas et que week-end et vacances permettent de rattraper le retard accumulé.

Pour les jeunes adultes, il faut encore 9 h 15 de sommeil par nuit pour satisfaire l'organisme.

LES VRAIS ENNEMIS DU SOMMEIL

- un rythme de vie décalé, avec des **couchers tardifs et des activités excitantes** (boîtes de nuit, concerts de musiques amplifiées, télé, consoles...)
- la **consommation de substances excitantes** (café, thé, coca, nicotine) trop près de l'heure du coucher
- les **médicaments ou drogues** contenant des substances stimulantes
- le **stress** et la pression scolaire, sociale ou affective
- le **bruit**

LES BONS AMIS DU SOMMEIL

- un **rythme de vie régulier**
- une **heure de coucher constante avec un rituel calme et agréable** (lecture...) et sans activités stressantes
- l'option relax avant de se coucher : **prendre un bain deux heures avant le coucher, musique douce, yoga, tisane**. Ca fait un peu mamie mais ça marche !
- la **non-consommation de substances excitantes**
- une sieste d'environ 20 minutes ou une grasse matinée les jours de repos

ALIMENTATION

COMMENT MANGER ?

Equilibre alimentaire ne signifie pas régime drastique ou consommation équivalente de tous les produits. Il faut privilégier les aliments qui sont identifiés comme favorables à notre santé.

Faire 3 ou 4 repas par jour : pour votre santé, il est recommandé de faire 3 ou 4 repas par jour (pour les enfants et adolescents). Pour apprécier ce que vous mangez, prenez votre temps.

Éviter le grignotage entre les repas : grignotage rime souvent avec produits gras et sucrés et favorise ainsi la prise de poids.

Profiter des produits de saison, moins chers et plus savoureux

BOUGER CHAQUE JOUR

Il vaut mieux marcher 1/2 heure chaque jour plutôt qu'essayer de se rattraper le week-end en marchant trois heures d'affilée. C'est plus efficace. Si vous pratiquez un sport une à deux fois par semaine, c'est formidable.

QUELQUES POINTS DE REPÈRES

La nutrition doit être envisagée sur du court et long terme. Pour vous y aider, **9 repères ont été défini**, reposant sur des bases scientifiques et qui sont efficaces pour protéger sa santé :

- ✔ **Fruits et légumes :** au moins 5 par jour
- ✔ **Pains, céréales, p.de terre et légumes secs :** à chaque repas
- ✔ **Lait et produits laitiers** (yaourts, fromages) : 3 par jour
- ✔ **Viandes, produits de la pêche et œufs :** 1 à 2 fois par jour
- ✔ **Matières grasses ajoutées :** limiter la consommation
- ✔ **Produits sucrés :** limiter la consommation
- ✔ **Boissons alcoolisées :** la consommation d'alcool doit rester occasionnelle. La seule boisson indispensable reste l'eau.
- ✔ **Sel :** limiter la consommation
- ✔ **Activité physique :** 1/2 heure de marche rapide chaque jour

QUAND VOTRE CORPS VOUS ALERTE

« J'ai mal à la tête », « j'ai mal au ventre », « je dors mal », « je suis fatigué » : des signes d'une mauvaise hygiène de vie, peuvent se transformer en grands maux.

Un déséquilibre du comportement alimentaire empêche votre organisme de fonctionner correctement.

GÉREZ VOTRE STRESS

LE STRESS : AMI OU ENNEMI ?

Lors des phases d'alerte, le stress peut aider à avoir les bons réflexes face à une situation déstabilisante : on oublie souvent cet aspect positif où le stress nous permet d'augmenter nos facultés.

Mais si la tension est trop importante, le stress devient nuisible : on se laisse déborder par lui. Le stress modifie le comportement et la perception de l'environnement et cela peut avoir des conséquences néfastes.

LES RÈGLES D'OR POUR APPRENDRE À GÉRER SON STRESS

- **S'organiser :** apprenez à faire correctement votre planning
- **Avoir une bonne hygiène de vie**
- **Anticiper et être en forme le jour J :** Je suis stressé, que faire ?

JE SUIS STRESSÉ QUE FAIRE ? SE DÉTENDRE

Nous avons tous besoin de prendre du recul par rapport au travail intellectuel que l'on est en train de fournir. Le sport et la relaxation sont là pour ça et leurs bienfaits sont réels.

Pratiqué de manière raisonnée, le sport aide à garder le moral et le corps en bonne santé en :

- Augmentant le tonus musculaires, pour lutter contre les maux
- Favorisant l'amplitude et la souplesse des articulations
- Facilitant la fixation du calcium
- Aidant à préserver l'appareil cardio-vasculaire

QUELQUES CONSEILS DE RELAXATION

Pour pratiquer la relaxation, il est important de choisir un endroit calme et de privilégier des vêtements confortables.

- **La respiration abdominale :** inspirez lentement en faisant en sorte de gonfler le ventre, puis expirez lentement.
- **La lutte contre les tensions musculaires :** concentrez-vous successivement sur chacun de vos muscles et décontractez-les.
- **Chassez les pensées négatives** en focalisant votre esprit sur des moments agréables, des choses positives.

MAÎTRISEZ VOS ÉMOTIONS

Sans la refuser, sachez maîtriser votre émotivité pour qu'elle ne vous empêche pas d'agir comme vous le faites habituellement. Faites abstraction de l'environnement extérieur pendant quelques instants en prenant une position stable et en respirant calmement.

BOOSTERS ET VITAMINES

Ces produits promettent à leur utilisateur d'augmenter leur capacité de mémorisation et de concentration intellectuelle mais ces raccourcis marketing sont particulièrement dangereux

Il en existe un large éventail, de toutes les formes, pour toutes les prises et de toutes les couleurs : des comprimés « spécial coup de fouet pour examens », des boissons énergétiques, des compléments alimentaires, des ampoules contre la fatigue...

QUE CONTIENNENT-ILS ?

En général, le principe actif est la caféine. Un seul comprimé de ces boosters peut être équivalent à deux tasses de café.

Une surconsommation peut entraîner des tachycardies (accélération du rythme cardiaque) et des insomnies, mais n'augmente pas les capacités de mémorisation.

5 CONSEILS POUR NE PAS DEVENIR ACCRO

1. Évitez l'automédication, demandez conseil à votre médecin,

2. N'achetez pas de médicament vendu sur Internet,

3. Essayez d'adopter un rythme de sommeil régulier,

4. Méfiez-vous des produits vendus en pharmacie et préférez une bonne hygiène de vie pour être en forme,

5. N'abusez pas des stimulants, ils peuvent avoir des effets non désirés

LES BOISSONS ÉNERGISANTES

Leurs fabricants tentent de nous convaincre de la puissance de ces boissons ; ainsi, au lieu de rechercher l'équilibre, on vous propose des stimulants.

Les stimulants qui composent ces boissons (caféine...) peuvent avoir un effet « coup de fouet » mais ils masquent surtout la véritable fatigue. Or celle-ci est aussi un signal qu'envoie l'organisme : il faut donc en tenir compte et adapter son rythme plutôt que de chercher à la masquer.

Dépendance, problèmes cardio vasculaires... les premières études sur ces produits pointent par ailleurs des risques accrus par la consommation de ces boissons, que la puissance du lobby et du marketing des entreprises ne parviennent plus à masquer.

La fatigue passagère ne se combat vraiment qu'en se reposant

AMÉLIOREZ VOTRE MÉMOIRE

QUELLES ACTIVITÉS POUR ENTRETENIR LA MÉMOIRE ?

L'activité qui stimule le plus la mémoire est la lecture : elle sollicite l'attention, la perception visuelle, la reconnaissance, la construction d'images mentales, l'organisation des informations...

Chaque information nouvelle peut être une occasion de faire travailler la mémoire : retenir les numéros de téléphone, les noms des stations de la ligne de bus...

5 CONSEILS POUR PRENDRE SOIN DE SA MÉMOIRE

1. Prenez soin de votre sommeil

2. Mangez équilibré

3. Lorsque vous sollicitez beaucoup votre mémoire, faites des pauses.

4. Entraînez votre mémoire et stimulez votre cerveau au quotidien

5. Évitez tout ce qui peut nuire à votre cerveau (café, alcool...)

LES BONS AMIS DE LA MÉMOIRE

- Le sommeil a un effet magique sur les informations récemment acquises.
- Une alimentation saine et variée apporte au cerveau ce qui lui est nécessaire pour bien travailler.

LES VRAIS ENNEMIS DE LA MÉMOIRE

- Le stress à haute dose
- Les somnifères hypnotiques qui altèrent le sommeil
- le tabac et l'alcool,
- le cannabis qui affecte la mémoire à court terme.

Pour mettre toutes les chances de votre côté pour les examens, il faut réviser intelligemment.

Tout d'abord, il est évident que plus vous travaillerez vos cours tout au long de l'année plus l'assimilation des informations sera progressive et de meilleure qualité.

Pour cela, vous devez **exercer votre « mémoire à long terme »**, c'est avec cette mémoire que vous retenez des informations comme les numéros de téléphone, des données répétitives qui s'emmagasinent au départ dans la mémoire dite à « court terme » et qui, à force de pratique, ont glissé dans votre mémoire à « long terme ».